JN242251

夢を叶えるリアル引き寄せ

奇跡を呼び最高の自分になれる8つの方法

マーキュリー出版

はじめに

本書を手に取っていただき、ありがとうございます。

あなたには叶えたい夢がありますか？

きっと、あなたには叶えたい夢が幾つもあるのではないでしょうか。

その「夢」を実現するために知っておきたい法則を本書では大公開しています。

その法則は**奇跡を呼び、最高の自分になれる**というものです。

私は運命カウンセラーとして30年近い年月にのべ４万人の皆さんの人生にアドバイスをしてきました。そのアドバイスは限りなく再現性が高いものでなければいけないと考えてきました。つまりはその**アドバイスは誰でも、幸運を引き寄せることができることばかり**なのです。

幸い、私のアドバイスで人生が好転したという人が続出しました。また、長年にわたる自身の活動の中で人生を共にしたい素晴らしい引き寄せの達人に会えるという体験をしてきました。

本書は、私が日ごろお付き合いのある**引き寄せの達人の方々に、それぞれの「引き寄せの極意」を特別にご紹介いただいたもの**です。

著者の方々は各方面の一流の先生ばかりです。その引き寄せの方法の一端をここに記します。神さまに愛されて引き寄せを行う方法（宮澤千尋さん）、神さまと親しくなるコツ（坂田暢悠さん）、経営者の問題解決に特化したお金と運気の引き寄せ（野村英生さん）、接客を通じた幸運の引き寄せ（上島麻理恵さん）、ハッピーになれる身体の整え方（龍宮寺マッキーさん）、ルキアスのエネルギー整体（吉田康子さん）、てんしさまの奇跡のお話（ハルさん）。私も占いを通じて幸せになる方法を書いています。

この8つの方法の中にきっとあなたにピッタリの幸せになれる方法があるはずです。あなたの幸せの一助になれればこれ以上の幸せはありません。

丸井章夫

夢を叶えるリアル引き寄せ
奇跡を呼び最高の自分になれる8つの方法

目次

はじめに 2

開運への近道は本当の自分を知ること 丸井章夫 8

天と神様に愛される開運の方法 宮澤千尋 30

神様と親しくなる簡単なコツ 坂田暢悠 64

経営者の問題解決に特化したお金と運気の引き寄せ方　野村英生　88

人生のレッスン～接客とスピリチュアル～　上島麻理恵　110

ハッピーボディライフの5つのコツ　龍宮寺マッキー　140

人類の進化をサポートするルキアスのエネルギー整体　吉田康子　154

てんしさまについて *The Real God*　ハル　170

装幀　　アコール グラフィック
DTP　　ユーホーワークス
写真提供　ピクスタ

夢を叶えるリアル引き寄せ

奇跡を呼び最高の自分になれる8つの方法

開運への近道は本当の自分を知ること

丸井章夫

開運したいなら、簡単な方法でスッと行ってパッと開運！　というのがいまの時代にはピッタリです。そして、的中率が高い占いで自分を把握するのも近道と言えるでしょう。開運方法でとくに私がお勧めしたいのは、後天的に運をよくする「アストロ風水」「方位学」「ノートを書く」「爪に白点を書く」の4つの開運法です。

世の中で俗に言われる「占い」には、星の数ほどの種類があります。25年以上の鑑定を通じて、私がその中でももっとも的中率が高いと考える占いは、「手相」「西洋占星術」「紫微斗数占星術」の3つです。

さらにこの3つの占いにプラスして、「アストロ風水マップ」は、誕生時の太陽および惑星の配置を地球の世界地図に投影したもので、自分にとってよい場所、運気が上がる場所を知ることができるものです。これには、驚くことに、個人の可能性を最大限に活かせる場所がいくつも記されています。そこに行くだけで開運してしまうという、もっとも新しいスーパー開運法です。

たとえばシアトル・マリナーズを引退されたイチロー選手ですが、彼のアストロ風水マップを調べると、シアトルの近くに金運や愛情運の金星ラインが通っていました。

アストロ風水は出生時刻でその人固有の幸運の場所などがわかるというものです。私が2冊目の著書、『100日で必ず強運がつかめるマップ　アストロ風水開運法で恋愛・お金・健康…をGET!!』(心交社)を刊行した際の反響は、かなり大きなものでした。40もの星のラインが人間に影響しているという事実に、多くの読者から感動の声をたくさんいただきました。

アストロ風水方位学とは、人間に作用する「気」……太陽系の星のエネルギーと方位のエネルギーの吉作用を、最大限にうまく活用しようというものです。

ベネフィクの星(水星、金星、木星)とライツの星(太陽、月)のラインに近づくと、幸運をつかむことができます(ラインから1000キロ以内、ラインの真上が最高の位置です)。

また、目的によって、火星、土星、天王星、海王星、冥王星の星のラインを使うことが可能です。星のラインに旅行するのであれば、3泊4日以上、距離にして100キロ以上の吉方位が望ましいでしょう。そうすると、それから100日程度のうちに、かなりの幸運がやってきます。

ベネフィクとライツの星のラインへは、悪方位であっても１００日以内に星のエネルギーの素晴らしい効果がありますが、できれば吉方位か普通の方位が望ましいでしょう。

火星、土星、冥王星のラインに近づく場合は、細心の注意で、吉方位へ行くのがよいでしょう。ただし、その星のラインから８００キロ以内に太陽、木星のラインがある場合は、いい意味に変わることがあります。

火星、土星、冥王星のラインが単体の場合、悪方位だと危険なことが起こるケースもあるため、行かないほうがよいでしょう。それぞれの星のラインの交点の意味を把握し、大いに活用するとよいでしょう。また、出生時刻が不明な場合、星のラインを活用することはできませんが、大吉方位（年盤と月盤、ともに吉方位）を活用することによって、１年以内に大きな幸運が訪れます。

これだけ素晴しい情報を得ることができるアストロ風水ですが、出生時刻がわからない場合は、アストロマップが作成できません（それでも出生時刻が不明の方でもパワースポットがわかるようになりましたので、こちらの方法については、近い将来、出版したいと考えています)。

さてもうひとつ、後天的に開運できる素晴らしいものに「方位学」があります。一般的には「九星気学」という分野に分類されます。この方位学の特徴は、動くことによって運を高められるというものです。とくに距離が１００キロ以上で期間が3泊4日以上の吉方位への旅行を行うと、1年以内に大きな幸運がやってくるという非常にありがたい術なのです。この方位学は、じつはメイドインジャパンの占いで、明治生まれの園田真次郎(そのだしんじろう)氏が大正時代に考案したものです。

そのぶん、日本人向けの、わかりやすく使いやすいものにカスタマイズされています。読者の皆さんはその歴史を知ることよりも、早く実践したい、実際に試したいと思われていることでしょう。

それでは、実際に吉方位に行ってみましょう。まず、自分の九星が何かを知ることが大切です。これは生年月日で分類できます。「一白水星」「二黒土星」「三碧木星」「四緑木星」「五黄土星」「六白金星」「七赤金星」「八白土星」「九紫火星」の九星のいずれかに該当することになります。そして、年盤・月盤ともに方位がいいときに100キロメートル以上の距離で3泊4日以上の場所に旅行に出かければ、それから1年以内に大幸運がやってくるというのが吉方位旅行と呼ばれるものです。

吉方位旅行で行く方位は、願望別にあります。恋愛・結婚をお望みなら北方位・西方位・東南方位です。金運をよくしたかったら西方位・東北方位・西北方位、転職を決めたかったら東北方位に行きましょう。

自分の才能を発掘したかったら東方位、自分の評価を高めたいのなら南方位、離婚したい場合も南方位、美人になりたい場合も南方位……など、さまざまな願望を叶えるための方位が存在します。

また、健康運も上昇させることができます。ここでは代表的な4つの例を述べましょう。

タバコをやめて肺にいい生活を送りたかったら西方位。腰痛を緩和させたかったら東北方位。胃腸の調子をよくしたかったら西南方位。体全体の調子を上向きにしたい場合は西北方位。

もちろん、それらの方位には九星別の吉方位で行かなければ効果が出ませんし、もっと厳密にいえば、いままでに挙げた吉方位以外でも自分の九星と相性のいい星であれば、願望を成就できる方位、方角は存在します。

私の鑑定では手相の鑑定がもっとも多いのですが、この吉方位の力があまりにも素晴らしいので、私はほとんどのお客様にこの吉方位旅行を勧めまくっています。私の鑑定に来たあとに吉方位旅行を実行する方が多く、その後、多くの方が開運しています。

私自身もこの吉方位旅行を何度も実行して、幸運を獲得しています。なお、旅行に行った月を1カ月目とカウントします。そして4カ月目、7カ月目、10カ月目、13カ月目に具体的な効果が出やすいのです。

もちろん、そのほかの月でも効果は出ます。行ってから1年以内に効果を実感される方がとても多いです。

海外旅行の場合は3年半ほど強力に効きます。ただし、早く効果を出したいなら国内旅行です。100キロ以上で短い距離は、効果が早く出やすい傾向にあります。

3つ目は「爪に白点を書く」ことです。あなたは爪に小さな白い点が出現したことはありませんか？　もし出ていれば、4カ月以内に大きな幸運がやってくるという知らせです。

親指の爪に白点に出たら、恋人ができる確率や愛情運が大幅にアップします。

人差し指は超特大の開運で、分野は問いません。長年叶えたかったことが叶う方が多いです。

中指は旅行運がアップ。遠方との取引が上手く行きます。

薬指は配偶者運が急激に上昇。また、誰かに称賛される出来事が起こったりします。

小指は金運、子ども運のアップです。

白点を書くというのは、願望別に指の爪に白点を書き込むということです。具体的には爪の中央部分に修正液やマニキュアなどで白点を書けば、それでＯＫです。この方法は書き込むだけなので誰でも簡単にできるというメリットがあります。お勧めは、仕事から自宅に帰ってきたらすぐに書き込むことです。お風呂から出たらまた書き込む。そして朝、出勤するときには消す。これを繰り返すことで、効果が上がります。

なお、手相を書くという方法も人気がありますが、紙面の都合上、別の機会に譲りたいと思います。

４つ目の「ノートを書く」は、占いの手法ではありません。しかし、セルフイメージを高め、願望を成就させるにうってつけの方法です。私がお勧めしている方法は、新月の日に自分の夢や願いをノートに書くというシンプルなものです。

自分の願望をノートに書くことで、願望成就のスイッチが入ります。そもそも夢をノートに書く行為は、夢を強く意識することになります。

具体的な書き方についてはさまざまあります。『幸運を引き寄せたいならノートの神さまにお願いしなさい』(すばる舎リンケージ)や『運命のパートナーを引き寄せたいならノートの神さまにお願いしなさい』(すばる舎)をぜひ、ご一読ください。

ひとつだけノートを書くときの極意をお伝えします。その心構えとは、「未来は勝手に決めていい」ということです。

未来は「いまだ来たらず」と書くので「未来」と言うのです。過去に起きてしまったことは変えられませんが、未来のことは変更可能なのです。

いま、この先、たとえば明日のことであっても1週間先のことであっても、極端に言えば1秒先のことでも、あなたが「こうしよう!」と決断をすれば行動を起こすことができます。他人任せではない自分任せの習慣で未来を切り開いていけるのです。そのために自分の願望を整理してみるというのは、非常に有益なのです。願望を叶えるためにノートに書こうとすると、何が自分の本当の願いなのかがはっきりとわかります。そこがとても重要なのです。

ノートに願望を書いたら、その夢を叶えるためにドンドン行動していきましょう。そのひと押しを、吉方位への旅行でパワーを蓄えることもお勧めです。復習になりますが、願望別に吉方位がありますので、そこを調べて3泊4日以上の旅行をしてみましょう。

さて、手相でもっとも興味深くおもしろいのは、幸せになる年齢がはっきりと出ているということです。年齢を計測する技術は「流年法」と言います。

恋愛する年齢、結婚する年齢、仕事で昇進する年齢、独立する年齢などがわかります。それは生命線や運命線などに出現する開運線の位置を見て、その開運する年齢を算出するからです。

先に未来の幸せの年が明確になれば自信がつきますし、その年を迎えるまでかなりポジティブに過ごせるというものです。

実際、私の例では、18歳のときに「21歳のときに人生の目標が決まる!」と知り、その年齢に達するまでの3年間は、いま振り返っても非常に充実していました。そして、実際にその年に人生の目標が定まったのです。

また、手相では健康に気をつけなければならない年齢、離婚しやすい年齢、異性とのトラブルになりやすい年齢などもわかります。それらを事前に知っておけば、それに対する準備、対策ができるのでとても助かるのです。

もちろん、手相では幸せになる年齢だけでなく、性格、性質、適職、仕事運、金運、異性運、結婚運など、さまざまなことがわかります。とにかく便利な占いです。飽きっぽい私がずっと手相鑑定ができているのは、一人ひとりの手相がまったく違うという興味深さと、「流年法」が的中してお客様に非常に喜ばれることのふたつが大きいです。

適職についても、私は鑑定でアドバイスしています。営業に向いている、看護師に向いている、経理事務、ガテン系、技術者、アーティスト、作家、転勤族……などなど。

たとえば、これは明らかに経理に向いている、という方であれば、それまで簿記など勉強していなくても、実際に勉強し始めるとすごくしっくり来るという方も多いです。

恋愛も、手相で驚くほどわかります。たとえば、どんな出会い方になるか。紹介で結婚するのか、偶然知り合って結婚するのかについても、手相でわかってしまうのです。

手相はすぐに見てわかるという意味でも、とてもいい占いです。活用しないと損！　ということですね。

「西洋占星術」は、一般的に「ホロスコープ」と言われることが多いです。出生時のホロスコープを使用して、その方の人生全般を見ていきます。

西洋占星術は、生まれた時刻を正確に知っている人は鑑定できます。しかし、出生時刻がわからないとハウスが定まりませんから、そこまで正確なことを述べることができません（出生時刻がわからない場合でも、開運時期や気をつけなければならない時期はわかります）。

さきほど出てきた「ハウス」についてですが、1ハウスから12ハウスと、12個ハウスができます。

ハウスにはそれぞれ意味があります。

1ハウスはその人の容姿、性格性質など。

2ハウスは金運。

３ハウスは知識、勉強、国内の旅行運などがわかります。

４ハウスは家庭運、プライベートの運気がわかります。

５ハウスはおもに恋愛運、行動運。

６ハウスは仕事の勤怠運。

７ハウスは恋愛運、結婚運。それから対人関係運。

８ハウスは親から受け継がれた資質、ＤＮＡ、スピリチュアル能力など。

９ハウスは海外旅行運、国際運など。

10ハウスは仕事運など。

11ハウスは友人運、引き立て運など。

12ハウスは親との関係性や趣味の運などがよくわかります。

（もちろん、それぞれのハウスの意味はもっともっとあります。わかりやすく覚えてもらえるように、短く表現しています。）


たとえば私の場合でしたら第２ハウスに海王星が入っています。第２ハウスはその人の金運、つまり何をやって収入を得ることができるのかがわかります。

海王星は占いや癒しの星ですので、幼いときに「きっと将来は占いをやっているんだろうな」と思ったものです。そしてそのとおりに占いや癒しの仕事を長年行っているのですから、そのものズバリ的中しています。

また、『運命のパートナーを引き寄せたいならノートの神さまにお願いしなさい』（すばる舎）に書いたとおり、7ハウスが恋愛・結婚の部屋ですので、そこにどんな惑星が入っているかで恋愛運・結婚運を把握することができます。これらの例のようにさまざまなことがわかるのが西洋占星術で、その名のとおりにヨーロッパを代表する正確で精密な占いです。

なお、テレビでの星占い（星座占い）は太陽の星座のみ扱っているので、当たらないことが多いです。太陽はその人の30パーセントを示すと言われていて、確かに比重は高いのですが、ほかの星の要素が70パーセントもあるので、占い自体は当たる確率が下がるのです。

「紫微斗数占星術」は恐ろしいほどに当たる占いです。東洋一の占いと言っていいでしょう。

その切れ味は鋭すぎて、圧倒されるほどに当たります。日本ではそこまでメジャーな占いではないですが、台湾や中国では、占いといえば紫微斗数、と相場が決まっています。台湾に旅行に行って偶然にこの占いに出会った方も多いのではないでしょうか？

この占いには、正確な出生時刻が必要です。だいたいこれぐらいの時間だった、が許されない占いです。

この占いも、西洋占星術と同様に12個の部屋ができます。この点のシンクロニシティもたいへん興味深いものです。西洋と東洋のそれぞれ最高位とも言える占いがどちらも「12」という概念でまとめられていることは驚嘆に値する、といつも感じ入るものです。

紫微斗数では、12の宮に入る星々の配置で運勢を診断していきます。それぞれの宮から鑑定できる内容は以下のとおりです。

◆「命宮（めいきゅう）」……その人のパーソナル情報（性格、性質などの傾向）、どのように生きていくと幸せになれるのかがわかる。私の場合は「天相星」が入っています。周囲の方々のために生きる、という奉仕精神で事を行うと開運すると言われています。
◆「兄弟宮(けいていきゅう)」……兄弟や姉妹との関係性がわかる。ただし、最近の傾向として仕事上の業者、プライベートで発注する業者に恵まれるか恵まれないかも出ています。
◆「夫妻宮(ふさいきゅう)」……どんな恋愛や結婚になるのかがわかる。異性のタイプも明確に出てくる。
◆「子女宮(しじょきゅう)」……自分と子供の関係性、子供の性格、性質。子供ができやすいか、そうでないかなども出やすい。
◆「財帛宮(ざいはくきゅう)」……財運のあるなし、財産を得る手段の傾向など。
◆「疾厄宮(しつやくきゅう)」……健康運、体調など。
◆「遷移宮(せんいきゅう)」……旅行運、引っ越し運、他人から見たところの第一印象の傾向など。
◆「奴僕宮(ぬぼくきゅう)」……対人関係運、会社などでの部下との関係性など。人事宮とも言います。
◆「官禄宮(かんろくきゅう)」……仕事運、職業の適性など。
◆「田宅宮(でんたくきゅう)」……不動産運、住まいに関する運勢。
◆「福徳宮(ふくとくきゅう)」……精神的な充足、楽しみ、趣味などがよく出ています。

◆「父母宮（ふぼきゅう）」……親との関係性などがわかります。

また、紫微斗数は10年単位の運勢、1年単位の運勢を知ることができます。これが非常に的中し、事前に対策がとれるので、そのあたりもこの占いの人気の秘密と言えるでしょう。さらに、命宮にどんな星が入っているかで、どのように生きていくのがベストなのかがわかるので、本当にお勧めです。


次に、これらの優れた占いをどのように役立てるかというお話をいたします。

手相、西洋占星術、紫微斗数占星術の診断結果を1冊のノートにまとめていきます。まとめる際に、たとえば結婚運についてだったり、仕事運だったりを整理していくのです。そうするとそれぞれの占いからヒントが得られていきます。

自分を知るというのは自分ではなかなか難しいので、このように優れた占いで自分自身を客観的に見つめてみることが大切です。それを参考にしていくことで、さらに効率のいい人生を過ごしていけるのです。

私は幼少のころに的中率の高い占いの結果を信じて、自分の未来を切り開き、ベストセラー作家になれました。

癒しで金運が上昇するという結果から、手相家としても人気を博すことができました。当たる占いは人生を切り開くツールになり得るのですから、本書を読まれていらっしゃる皆さんには大いに活用してもらいたいと切に思うわけです。

私は現在、名古屋と東京のふたつの鑑定オフィスで鑑定を行っています。

距離の問題でオフィスにいらっしゃれない方向けに、通信鑑定も行っています。通信鑑定の場合は、電話やスカイプを使って鑑定をします。手相鑑定の場合は事前にメールで左右の手相を私に送ってもらい、その画像をもとに鑑定します。画像はスマホで撮影したもので、問題ありません。

最後に……「果報は寝て待て」という言葉がありますが、私は皆さんにこの言葉は忘れていただきたいと思います。

以前、引き寄せブームが起こったときに、「願うだけでなんでも引き寄せが起こる」と信じて、何も行動しない方たちが続出しました。

彼ら、彼女らは「引き寄せは、思うだけで何もしなくていいと本に書いてありました」とよく言います。それが、私が講演会などでよく言う「引き寄せ難民」です。

齊藤一人（さいとうひとり）さんが言うように、「地球は行動の星」なのです。行動をしないと物事は進んでいきません。面倒と思うかもしれませんが、自分の願望を達成していくためにドンドン行動をしていきましょう！（皆さんに愛と感謝を込めて）

【おもな著書】
『幸運を引き寄せたいならノートの神さまにお願いしなさい』（すばる舎リンケージ）
『引き寄せノートのつくり方』（宝島社）。
『運命のパートナーを引き寄せたいならノートの神さまにお願いしなさい』（すばる舎）
『手相で見抜く!成功する人　そうでもない人』（法研）
『100日で必ず強運がつかめるマップ　アストロ風水開運法で恋愛・お金・健康…をGET!!』（心交社）
『恋愛・結婚運がひと目でわかる　手相の本』（PHP研究所）
『成功と幸せを呼び込む手相力』（実業之日本社）、
『あきらめ上手になると悩みは消える』（サンマーク出版）
※以下、共著
『願いが叶う！人生が変わる!「引き寄せの法則」』（宝島社）
『お金と幸運がどんどん舞い込む！　神様に願いを叶えてもらう方法』（宝島社）
『書けば願いが叶う4つの「引き寄せノート術」』（宝島社）

東京鑑定オフィス　品川区東中延２−６−１６　カレーの文化２階
名古屋鑑定オフィス　名古屋市中区千代田３−２２−１７　一光ハイツ記念橋１階
https://heartland-palmistry.com/
連絡先メールアドレス　info@solabs.net

丸井章夫 （まるい・あきお）

運命カウンセラー
作家
ノート研究家
開運手相家

秋田県出身。明治大学政治経済学部卒。

名古屋市在住の運命カウンセラーで多くの著作を持つ。また驚くほど開運時期、結婚時期が当たると評判の手相家でもあり名古屋、東京に鑑定オフィスを持ち活動している。


幼少より人間の心理と精神世界に興味を持ち、小学生のころには心理学や哲学の本を読みあさるようになる。

その後、手相の知識を身につけて19歳でプロとしての仕事を始める。以来、20年以上にわたり、のべ4万人以上の鑑定数を誇る。

北海道から沖縄まで申し込みをする人は絶えず、カウンセラーとしては超異例の「1日15人以上」という数字を記録することもしばしば。

「毎年100人以上のクライアントが1年以内に結婚している」「これまでにアメリカ、カナダをはじめ、世界11ヶ国からも鑑定依頼が来ている」など、脅威の実績と人気を誇っている。

また、プロ野球チーム・中日ドラゴンズのファンのためのオフィシャルマガジン『月刊ドラゴンズ』にも、選手の手相を鑑定する「手相でチェック」コーナーを連載しており、メディアからも熱い注目を浴びている。

現在、開運ノート術セミナーを各地で開催し、のべ500人以上に幸運を引き寄せるノートの指導を行っている。

天と神様に愛される開運の方法

宮澤千尋

―― 丸井章夫先生より

宮澤さんは私の鑑定のお客様でしたが、非常に驚くほどの霊能力をお持ちで数年前にサイキックとして独立して活動を始められています。愛知県在住の日本有数のサイキック（超能力者、霊能力者）です。私も何度もセッションを受けたことがあり、その能力には毎回、脱帽するほどです。とくに「悪いものを祓う能力」「近未来を霊視する能力」「セッション中にあらゆる運を上げる能力」がすごいと感じています。私の講演会にゲストでお話してもらいそれが大変好評で、近年はコラボ講演会を２人で開催するようにもなりました。私の鑑定にいらっしゃるお客様で占いでは解決が難しい問題を抱えている方によく宮澤さんのセッションを勧めているほどです。現在は愛知と東京でセッションを行っていて、その人気はとどまるところを知りません。

私たちはこの世で母の母体に生を宿したその瞬間から、祝福されています。

目に見えない光の存在である天や神様、ご先祖様や天使、守護霊やガイドと言われる存在たちが、あなたを護っています。

天や神様は、あなたに『幸せになってもらいたい』と思っているのです。

人間は、みんな小さな神様です。

あなたという存在は、この世に無限の可能性を持っています。

この世に誕生したときから、神様や天使、光の存在、ご先祖様に祝福され幸せになるためにやってきました。

その無限の可能性を持っているにもかかわらず、うまくいく人生の人と、うまくいかない人生の人がなぜかいます。

うまくいっている人は、表の人生を今世のシナリオどおりに生きている人です。

天の計画どおりに進んでいくので、何をやってもうまく生き、困難がやってきても軽々越えて生きます。

逆に、どんなに頑張っても努力してもうまくいかず報われず、苦しみや悲しみを抱えていてもわかってもらえず、いつも苦労が絶えないような人生と感じる人は、どこかで裏側の人生を生きているのかもしれません。

努力しても報われない、頑張っても結果が出ない、自分のことがわからない、と自分探しをするのです。

自分のことはわからないけれども、人様のことはよくわかるものです。

人のことがわかるように自分のことを知りたくて、さまざまなことを学んだり、何が向いているのかと気になるものを片っ端から習いに行ってみたり、さまざまなセミナーに行くたびにそこに才能があるのではないか、本当に自分に向いているものがほかにあるんじゃないか、天職になるようなものが今度こそ見つかるのではないかと、これでもないあれでもないと探していくうちにどんどん自分がわからなくなってしまいます。

じつは、まったく自分には合わない違うものを学んでいたのかもしれません。

あなたは自分自身のことをどれくらい知っていますか？

どんなときにうれしくなりますか？　何をしているときがいちばん楽しいですか？　どのタイミングで気分が落ち込みますか？　どうすると気分が上がりますか？　どんな食べ物が好きですか？　得意なことはなんですか？　ひと言で言うと、あなたはどんな性格ですか？　自分の才能はいったい何か、知っていますか？

自分が得意だと思っていたことや好きだと思っていたことは、本当は違っているかもしれません。

何に向いているのか？　何に気をつけたらいいのか？　自分の運気が上がる方位はどこなのか？　本当の自分はどんな自分なのか？

人は皆、自分探しをしています。

まず、本当の自分に気づき、知ることです。

自分の才能や、自分が何に向いているのかということが自分自身ではわからなかったり。向いていると思っていたことが、じつは幼少期に親や先生などに言われてそう思い込んでいただけかもしれません。

自分を知るためのいちばんの方法は、手相や四柱推命、紫微斗数やホロスコープなどの統計学で自分自身を客観的に見てもらうことです。それらをもってすれば、緻密に人生の設計図を教えてくれます。

占いで自分自身のことを見てもらうことが、自分自身のことが最短でわかる方法のひとつなのです。

占いとは、さまざまな方法や統計学から、人の心の内や運勢、未来を導き出してくれるツールです。

ちっともよくないと思っていた人生が、占ってもらったらとてもいいことを言われたり、自分では気づかない才能があることを教えてくれたり。そこで「現実と全然違う」と思ったとしたら、それは裏側人生になっていたということです。

開運され、導かれるツールである占いで自分を知ることで、本来あるべき人生へとシフトチェンジのきっかけをつかむことができるのです。

きっかけをつかんだら、あとは行動あるのみ。動くところに運はやってきます。運は、動くことで育っていくのです。

うまくいかないことが続くときは、うまくいかないことを続けているからうまくいかなかったのです。きっかけをつかむ行動をしたということは、すでに開運人生へと動き出しているのです！

自分の無限の可能性を信じることで、さらに運を高めていってくださいね！

《天と神様が味方になる幸せの法則》

あなたは生まれてきてから今日まで、人間関係を通してたくさんのことを学び、たくさんの出会いや別れ、喜びや悲しみ、楽しいことやつらいこと、親子や友人、学校や職場といったあらゆる環境の中で人間関係を学び、気を使うことや相手を思いやること、尊重すること、敬うこと……さまざまな経験を経てきたと思います。

ときに苦しく、もう越えることはできないのではないかという問題や難題に直面したとき、誰かに頼ったり、はたまた一人で踏ん張って越えたりしてきたことでしょう。

人生というのは経験や体験を通し、学びを経ていくものですが、ときに神様は意地悪にも大きな課題を目の前に出してくることがあります。

私にはこの問題を乗り越えられないのではないか、と投げやりになったり、諦めてしまったり、どうせうまくいくはずがない、どうせ自分なんて、どうせいつもこんなふうにしかならない、とマイナスの気持ちでいっぱいになってしまい、負のサイクルから抜けられなくなってしまうことがあります。

そもそもなぜこんなに頑張ってきているのに、大変なこと、苦しいことがたびたび訪れるのでしょうか？

私たちは難業や苦業のために人生を学んでいるのではありません。

その出来事や現象を通じてそれらの出来事を乗り越えたり、その中で本質を知り、そのことの裏側にある真実を学び、成長し、魂を磨きに来ているのです。

天や神様は、越えられない壁は用意しないと言います。

あなたは必ずこの問題を越えられる！　この大きな壁を乗り越えられる！

神様は、あなたができるとわかっているのです。

なぜならば、神様はあなたに幸せになってもらいたいと思っているからです。

何か困難や大きな壁が立ちはだかったとき、「そうきたか！」「おもしろくなってきたぞ！」「どんなふうに攻略してやろう！」と、やってきたことを楽しみながら越えていきましょう！


問題を問題にすると、問題が大きくなります。

問題だけど、そんなの問題のうちにしない、と思っていくと、意外とその問題も越えられていくのです。

天や神様は、あなたがこれを越えることができ、成長する魂を持っていることを知っているから、あなたの前に用意したのです。

大きな出来事が来るたびに、慌てず焦らず、ゲームを攻略していくようなイメージでいきましょう。

魂は、それを乗り越えるたびに喜んでいます。「魂が磨かれた！」と。

問題課題が来るたびに、大変だ、どうしよう、と落ち込んだり悩んだり嘆いたりして悲しむ悪いサイクルパターンから抜け出していくことで、どんどん開運体質になるのです。

「今度はそうきたか！」「大丈夫、大丈夫♪」「うまくいくから大丈夫♪」と、いい言霊の周波数を使えば、うまくいく流れを引き寄せていけます。いつも神様は頑張っているあなたを応援しています。

ポジティブな言葉でエネルギー変換し、うまくいくサイクルに乗っていくことが人生を開運させていくコツなのです。

《幸せの引き寄せの極意とは》

巷では、たくさんの引き寄せのメソッドがあります。

たとえばどんなものがあるかと言うと、新月や満月の月はサイクルに合わせた願い事や、神社仏閣の参拝、叶えたい願い事に合わせたパワースポット巡り、ビジョンマップ作りなどなど、数え切れないくらい魅力的なものがあります。

そうは言ってもなかなか運を引き寄せることができず、いろいろなことを試してしっくり来るものを探している人はたくさんいると思います。

どうしたら叶えられるようになるのでしょうか。

じつは、「思っていること」が引き寄せられるのです。

「今日はなんだかツイている」と思っていたら「ツイている1日になる」現実を引き寄せています。

「うれしいことがあってうれしい」と思っていると「うれしい出来事が起きる」現実を引き寄せています。

「楽しい」と思っていると「楽しいことが起きる」現実を引き寄せています。

「なんか嫌だな」と思ったら「嫌なことが起きる」現実を引き寄せています。

「ムカつく」と思っていたら「ムカつくことが起きる」現実を引き寄せています。

「嫌なことしかない」と思っていたら「嫌なことばっかりで嫌なことしか起きない」現実を引き寄せているのです。

「上司が怖い」と思っているとつねに「怖い上司」を引き寄せます。

「なんでうまくいかないんだろう」と思っていると「うまくいかないことが起きる」現実を引き寄せます。


じつは、人生はすべて思ったとおりになっているのです。


思っていることや考えていることのほとんどが、知らないうちに現実に引き寄せられています。

「素敵な人と出会ってパートナーを見つけたい」と言っていても、現実的になかなか出会えないってことがあるとします。

言葉ではそう言っていても、心の中では「出会えるはずがない」「素敵な人なんているわけない」「パートナーなんて簡単に見つかるはずない」とネガティブなことを考えたり思ったりしていると、いつも無意識に考えていることのほうが最優先事項になっていきます。

無意識に考えているほうが神様や天にオーダーされ、叶ってしまっているのです。

感情をごまかすことはできても、心に嘘をつくことはできないからです。

まずは身口意が一致し、本当に叶えたいことを引き寄せていくことです。

そのためには、願い事をノートや紙に書き、アウトプットすることがいちばんです。

紙には神が宿ります。紙は神様に通じています。

紙に書くことで、自身の潜在意識に書き込まれ、声に出すことでさらに願望を叶えやすくなります。

ノートの神様は、そうやっているのです。

自分自身が気づかないうちにいま起きている出来事を引き寄せ、その現実を無意識に受け入れていたなんて、恐ろしいですよね。

鏡の法則と言われるように、自分の内側が目の前の相手や環境、人間関係、親子関係に投影されて、そのような現実になるのです。

あなたに嫌な人がいるということは、そのあなたの中にもその相手と同じようなものが少しあるということです。

目の前の相手を通して「自分の中にある嫌なもの」を見せられると、自分の中で禁止していることや制限していること、自分自身の持っている常識や信念からは許せないことをしている相手に対する許せない思いや、自分の中にもその相手と同じような嫌なものを持っているのではないか、あったとしても気づきたくない、認めたくない、本当は向き合いたくないということから、相手に対して嫌悪感を抱き、そんなことをする人は嫌な人になっているのです。

目の前に嫌な相手が出てきたとき、相手をただ嫌な相手とするのではなく、自分の中にもその因子が少なからずともあるからこそ抵抗感があるということがわかったら、嫌な相手の嫌なところはどういうところなのか、認めたくないと思っている嫌なところはなんなのかを自分の心に問いかけていくと、あなた自身がそうならないように気づかせるために目の前に現れてくれたんだ、ということが腑に落ちて、気がついたら感謝になっていくでしょう。

あなたの魂がレベルアップするために、その相手は現れ、気づかせようと学びとして現れたのです。

自分がされて嫌なことは人にはしないでいいように、あなたに見本のように見せてくれます。もしかしたら自分の中にも何か嫌なところがあるのかもしれないと気づいたら、そうならなくて済むのです。

嫌な人がいたおかげで、嫌な人にならず素敵な人でいることができて、人を大切にして気遣うことができる人になれるのです。

あらゆる出来事はあなたの魂の学びとなり、魂の成長とステージアップのための気づきなのです。

どんなことにも偶然はなく必然であり、必ずどんなことにも必要だから起きていて人生に何ひとつ無駄はないのです。

《才能が開花する方法》

一つひとつの経験体験はあなたの財産です。

たくさんの経験体験をすることが、人生の課題でもあります。

これらのたくさんの経験が人生を豊かにしてくれます。

たくさんの経験や体験をすることで、あなたの隠れた才能が開花することがあります。

逆に言えば、たくさんの経験や体験がないと才能が開花しないということもあります。

たとえば本書の監修者である丸井章夫先生を例にしてみますと、若いころよりお悩み相談を受けていたのがきっかけで、人の悩みを聞くカウンセリングの能力を活かして手相家として才能を開花させ、持ち前の天才性とこれまでの経験と実績で日本有数の一流手相家として日本全国で活躍されています。

つまりは、頑張ってきたことや継続し続けたことは、成功と才能を開花させるために用意された学びの人生として隠れているのです。

あなたの人生はあなたのものであり、あなたでなければ経験も体験もできません。

しかも、この人生でないとうれしいこと、楽しいこと、嫌なこと、つらいこと、幸せや豊かさのすべての感覚は味わえないのです。

あらゆる五感を味わい、多くの経験体験を積むこと、やり続けること、諦めないことが成功と才能開花へと導き、あなたは高められ、磨かれ、魂のステージを上げていくのです。

人間は毎日朝起きてから寝るまでの間に5～8万もの選択をしていると言われています。

朝起きてアラームをどっちの手で止めるか、食事は何にするか、今日は何を着ようか、何を飲もうか、どちらの足から靴を履くか、髪を整えるといった、いまから髪を整えよう！とわざわざ意識していなくとも気がついたら髪を整えていたというような、日常生活で当たり前に自覚なく毎日やっていることでさえも、気がつかないうちに選択しています。

ルーティンワークで、いつもやっているからやる、という選択をしているのです。

無意識にやっていることがあるということは、無意識にいつも自分自身に言っている言葉もあるのです。

その言葉はポジティブで明るい光の言葉なのか、ネガティブでマイナス思考の闇言葉なのか。

自分の中にいつもある言葉はなんでしょうか？　ちょっと考えてみましょう。

ネガティブでマイナス思考の闇言葉を使って生きている場合は、口癖や考え癖が「自分なんてだめだ！　ダメだ！　うまくいくはずがない」と、自己否定や自己肯定感が低くなり、波動もどんどんと重たく下がります。

いつも「自分なんてダメだ！　うまくいくはずがない」と思っていたら、いつもダメでうまくいかない波動になり、その波動どおりの存在になっていきます。

一日中ダメだと自分に言っているということは、無意識のうちに「自分なんてダメだ」をインストールしている状態なのです。

自分でマインドコントロールし、ダメな自分を強化していってるのです。

自分で自分をジャッジし、ダメを強化された自分は、「うまくいくわけがない」状態になって「うまくいかないサイクル」から抜けられず、「うまくいかない」を再現していくことで「やっぱり自分なんてダメだ！」「やっぱりうまくいくはずがない」とますます証明されて、言葉どおりのうまくいかない人生になってしまうのです。


光の言葉は前向きで、ポジティブシンキングの明るくきれいな言葉です。

「何があっても大丈夫！」「うまくいく！」「ついてる！」「どうにかなる！」「ありがとう！」「感謝してます！」「幸せ！」という言葉です。

「大丈夫」と思ったら、大丈夫なようになっていく現実を引き寄せられます。

「うまくいく」と思ったら、うまくいく現実を引き寄せる流れになっていきます。

「どうにかなる」と思ったら、どうにかなる現実を引き寄せられるのです。

人生は「どうにかなる」し、「なんとかなる」ものなのです。

どうにもならないと嘆くより、なんとかなるとポジティブ変換することで運気も波動も上がっていくのです。

自分という可能性を信じてあげてくださいね。

自分に嘘をつかないで、一生懸命に頑張っている自分を正当に褒めてあげましょう。


ありがとうと心から言えていますか？

うれしいのに、照れくさかったり恥ずかしかったりで、ありがとうと言えないなんてもったいない。


「ありがとう」の言霊は、とても波動の高い言葉です。

表面的な「ありがとう」は言っていても、心の底から意外と言えていないと思うのです。

たとえば毎日頑張っている自分自身に「ありがとう」と言ってあげたことはありますか？

こんなに頑張っているあなた自身に、「ありがとう」、そして褒めて労りの言葉をいっぱいかけてあげましょう。

「ありがとう」の波動の水の結晶は、とても美しい姿を見せてくれます。

あなたの体の細胞レベルから、この綺麗な結晶でキラキラと満たしてあげるのです。

キラキラと光の言葉で波動を高め、開運体質になることができます。

逆に、汚い言葉やネガティブな言葉の水の結晶は、形も汚く乱れてしまいます。

水というのは、波動の影響をとても受けやすいのです。

人間の体の60～70％は水なので、その言霊の影響を受けてしまうのです。

ネガティブでマイナス言葉の闇言葉の波動の影響を受けると、崩れた水の結晶は体にも影響を及ぼしていきます。

モラハラやパワハラなど攻撃的な言葉を浴びせられたときもそれを我慢し、耐えようとすればするほどストレスになり、心も体も疲れ、気がついたら何か病を患ってしまいかねません。

闇言葉に引っ張られないように、ポジティブな言葉に変換し、光の言葉の綺麗な言霊の、よい波動に書き換えていきましょう。

どんなことも楽しみ前向きに変換し、諦めず自分の可能性を信じて一生懸命で氣遣いができ、自分にも人にも優しく思いやりを持つことができて感謝できる人。

笑い飛ばすくらいの明るさが、幸運を引き寄せてくれます。

明るいことは、波動が高く清々しく美しいのです。

何事にも感謝できる人は、感謝の波動で感謝されることが返ってきます。

愛と光は「優しさ」「思いやり」ということなのですから。

《笑顔は幸運を引き寄せる》

「笑う門には福来たる」というように、笑顔は幸福や縁を引き寄せ、円満にします。

七福神のお顔は、いつも笑っていますよね。

目尻が下がって口角が上がって、まあるくなってピカピカに光っている福を呼ぶお顔。

見ているだけで、楽しく幸せな氣分になります。

七福神とお話しすると、いつも楽しそうにわっはっはと笑っていて、自分が何で悩んでいたかを忘れてしまうくらい楽しい波動に包まれています。

氣分がいいと人は笑顔になり、笑顔がいいということは運氣がいいということなのです！

そう、笑顔は周囲を明るくし、幸せにして波動を上げてくれます。

あなたの明るい笑顔を見た人は、あなたの明るいエネルギーの波動が伝わり、氣分がよくなります。

赤ちゃんが笑っているのを見るだけで幸せな氣分になる。

明るいところには悪いものやネガティブなものを跳ね返すパワーがあり、笑顔でいることで徳積みをしているのです。

明るく周りを照らすような笑顔でまあるく縁をつなぎ、縁が縁を呼び込み、いいものを引き寄せ、悪いものは跳ね返してくれます。

今日から少し笑顔を意識するだけで、簡単に運氣を上げることができるのです。

笑顔の作り方がわからない、ちょっと恥ずかしい、笑顔に自信が持てないと思っている人は、まず鏡を見ながら笑顔を作る練習をしてみましょう！　最初はうまくできなくてもやってみることがすでに開運。

行動することが開運なのです！

《自分ファーストで開運される》

嫌なことがあっても我慢して頑張ったり、本当はすごく疲れているのにまだまだ頑張れると無理をしたり、周りを優先して自分のことを後回しにし、今日もまた嫌なことを請け負って疲れて、そんな自分にイライラして自己嫌悪になったり、疲れすぎて知らないうちに顔や態度に出てしまっていたり、気がついたら物に当たったり暴飲暴食して不機嫌に過ごしていたりしていませんか？

それは、自分のご機嫌を取れなくなってしまっているのです。

自分のご機嫌を取れないくらい、運氣も下がってしまっているのです。

人のことは優先したり、大事にしたりしているのに、自分のことは後回しにしていて大事にできていないと、本当の自分が怒ってしまっているのです。

自分を後回しにして家族や友人、人のことばかり、周囲のことばかり、仕事や家事育児を優先しすぎて心も体も疲れもストレスもたまり、自分のことさえ労われないくらい、頑張りすぎている状態に氣がつけないくらいに感覚麻痺して当たり前になっていたら、かなり無理しすぎているサインです。

頑張りすぎて疲れすぎてしまうと、気持ちもネガティブになり、運氣も下がってしまいます。

周りを優先し、大切にしているように、それを自分自身にもしてあげましょう。

あなたは充分頑張っているのですから、そんな自分を褒めて労ってあげてくださいね。

人にしてあげて喜ばれるように、自分が喜ぶように自分を扱ってあげると、大切に扱われるエネルギーで、あなたが周りにしているのと同じように周りからも大切に扱われる人になります。自分自身が大切にされるエネルギーでいっぱいに満たされていたら、今度はそのエネルギーを人にも届けることができるのです。

自分自身のエネルギーが、開運を導くのです！

【神様の祝福を受け取るエネルギーのワーク】

体の波動をニュートラルに整え、エネルギーを補充していきます。

①静かでリラックスできる場所で、なるべく音のない状態の環境を整えましょう。椅子に座る、あぐらをかくなどの楽な姿勢で座りましょう。

②自分を守っている光の存在たちに、サポートしてくださいと心の中でお願いをします。神様（天）から光が降りてくる様子をイメージしながら、ゆっくりと深呼吸をしていきます。

③手のひらは上に向け、光を受け取っていきましょう。

④神様（天）から降りてきたものに包み込まれ、ぽかぽかと温かくなるのをイメージしましょう。

⑤どんどん手のひらから体が温かくなっていく感覚をイメージします。

⑥手のひらや身体にあふれんばかりの光が集まってくる感覚をイメージし、光で満たされたら両手を胸に置き、体にエネルギーチャージをしていきます。

⑦神様の祝福の光で護られていることにありがとうございますと感謝を伝え意識を戻していきます。

【即効で運気アップする方法】

なんだかいろいろなことがうまくいっていない。どうにか救われたいけどどうまくいかない。それは、家中に悪い氣がたまり滞っているとき。そんなときは邪気を水拭きで消しましょう！嫌なことがあったら、とにかく家中くまなく雑巾がけをして、悪いものを拭い去りましょう。そうすることで、事態は好転していきます。ぜひ、毎日の日課にしてみましょう♪

【幸運体質の基礎作りをする方法】

運氣が下がっているときやツイてないときは、姿勢も悪くなり、猫背になって呼吸が浅くなってしまいます。

体のあらゆるところが凝り、体が硬くなり、滞りが起きて、いいエネルギーが体の中に入ってこない状態になっているのです。

呼吸が浅いとマイナス思考になります。恐れ、不安、悲しみ、劣等感などがあると、内へ内へとどんどん氣が小さくなっていきます。

運氣がいい状態のときというのは、体の滞りがない状態で、波動も軽く、エネルギーが外へ外へとみなぎった状態です。

運氣が高い人は、姿勢がよく、しっかりと深い呼吸ができています。深く呼吸をすることで、血液、各器官、細胞へしっかり呼吸が行き届くので、体が活性化されます。

細胞レベルにまでエネルギーを届けることができるよう、いい空気を体の隅々に行き渡らせ、身体にこもった古いエネルギーをしっかり吐き出していきましょう。

4秒吸って2秒止めて、6~8秒かけて息を吐いていきましょう。ゆっくり深呼吸を心がけましょう♪

【家を元気にする低い波動を撃退する方法】

家の中がどんより重たい感じがしたり、部屋を明るくしているのに暗く感じたりすることはありませんか？

部屋の四隅には守護神がいます。あなたは部屋の掃除をするとき、隅々まできれいにしていますか？

部屋をまあるく掃除して、隅や角まで気にかけていない家には、いい気が入ってくるのを妨げ邪魔する低い波動がたまります。四隅が汚れていると、守護神がいなくなってしまいます。部屋や家の四隅をしっかりきれいにすることで、家の中の波動を高めることができます。

【人にも神様にも愛される方法】

誰かの力になることや、喜ばれることをすることです。あなたが誰かに喜ばれることをしたり、力になることをしたりすることは、天も神様も見ています。

誰かの力になったときに誰かが助けられたように、あなたも必ず助けられます。

ここぞというときにさっとサポートが入り、スムーズに物事が進み、うまくいきます。誰かの力になることを続けていると、天や神様の愛があなたをサポートしてくれるのです。

【金運アップさせる秘密の方法】

その方法は、お財布を大切に扱うことです。お財布は金運が宿る場所ですから、その中にいるお金も大切に扱うということです。

お金を使うときは、ありがとう、いってらっしゃい。お友達を連れて帰ってきてねと感謝をし、お財布の中も快適にしてあげましょう。

お財布を定期的に磨いたり整理したりすることを忘れずに、中をぐちゃぐちゃな状態にせず、ポイントカードも必要なカードだけにしておくとお財布に余裕が生まれ、金運が入るスペースが作られ、金運が入る余裕を作ることができるのです。

お財布や通帳など、お金に関する入れ物は、他人に見せないことで（素敵なお財布を手に入れたからといって人に見せたりしないこと）、他人からのやっかみが入り金運が逃げていくのを避けることができます。

もちろん、カバンの中に入れっぱなしにしたり、キッチンなどの水回りのそばに置きっぱなしにしたりするのはＮＧです。

静かに休めるお財布の特等席を作ってあげてくださいね。


【自分の波動調整をする方法】


仕事や付き合いで大勢の人と長時間いたり、通勤電車や繁華街など人の多いところにいたりすると、よくも悪くもさまざまなエネルギーを受けてしまいます。

人の多いところに出かけて人酔いなどをすることは、その場所のエネルギーの影響を受けたり、人の交流の中で何らかの氣の交流を通し、ネガティブなエネルギーをもらってしまったりします。

できるだけ毎日お風呂に浸かるよう心がけ、いつもより疲れたと感じるときはお風呂にお塩を入れてデトックス。時間が取れるのであれば、ゆっくりできる一人の時間を持つことで波動調整がスムーズにできるようになります。

【ごちゃごちゃを手放す方法】

いつもごちゃごちゃしているというあなた。家や部屋が物であふれていませんか？
部屋や家の乱れは心の乱れ。運も乱れていきますよ！
そんなあなたには、ゲーム感覚での断捨離をおすすめします。
タイマーをセットして、15分間でなんでもいいので27個の物を捨てることです。簡単なので、ぜひやってみましょう。

【氣の流れを簡単に変える方法】

何かに集中しているのに、思うように進まなくて煮詰まってしまうことってありませんか？　それは氣の流れが詰まり、滞っているからです。
氣の滞りは、運氣の滞り。そんなときは、氣の流れを変えましょう！

窓や扉を開けて空気の入れ替えをする。手を叩く(柏手を打つ)。体を動かし、ストレッチする。アロマなど、いい香りで空間を満たす。声を出してみる。人がいるならハイタッチ！　飲み物を摂って気分転換してみましょう。

氣の流れるところにはよい運氣が流れ、開運につながります。

ぜひやってみてくださいね♪

【寝ているあいだに運を高める方法】

服は毎回洗濯するのに、シーツや布団カバー、枕カバーなどは意外と頻繁には洗っていなかったりしませんか？

あなたについている厄は、寝ているあいだに落ちてお布団などに染み込んでいきます。しっかり寝たはずなのに頭がすっきりしなかったり疲れが残っていたりするなら、厄の染み込んだ寝具で寝ているからかもしれません。

エネルギーを整えるための場所が運を落とす場所になってしまわないようにするには、

こまめに寝具を洗濯したり、天気のいい日に干してメンテナンスをしたりすることで厄を払ってしまいましょう。

厄が取れると良質の睡眠となり、寝ているときの浄化環境が整いますので、体も思考もクリアになり、一日のパフォーマンスも上がります。

また、何年も使っているものだと何年分もの厄がたまっているかもしれません。もし長く使っていて古くなっているのなら、思い切って替えるのもいいですね。あなたのできることからやってみましょう♪

愛と感謝の光が、あなたに届きますように。

宮澤千尋 （みやざわ・ちひろ）

開運サイキックヒーラー
スピリチュアルライフリメイクコンサルタント

名古屋市生まれ。
幼少期のころより人の感情や思いがわかり、
また目に見えない存在や目に見えない世界を感じる。

人との違いに苦しみ、一時はその力を封印する。

人のお役に立ちたい！　早く自立したい！　との思いから高校を卒業後、働きながら看護師の道を目指す。

その後看護師となり、医療の現場で20年以上の経験を経るが、幼いころに封印した力は封印しきれなくなっていく……。

あるときより導かれるように、【手当て】というチカラで人の痛みや病の根本原因をMRIのように見つけ出してメディカルヒーリングするようになる。

その数は年間1,000人を超え、のべ1万人以上。


それがきっかけとなり、いままで隠されていたサイキック能力が開花。

MRIのように病気や不調の原因を見つけ癒すメディカルヒーリング、エンジェルヒーリング、オーラリーディング、アセンションヒーリング、才能開花ヒーリング、女神の女性開花ヒーリング、チャネリング、ハイヤーセルフヒーリング、ブロック解除、家系のカルマ解消、因縁解除、封印解除、魂の契約解除、縁結びヒーリングでは最短で出会ってから２週間で結婚、お財布コンサル・金運アップ設定では年収300倍などあらゆるヒーリング、土地の浄化、地場調整、開運リトリートなど多岐にわたり活躍。

圧倒的なサイキック能力が口コミで次々と広がり、海外から来日しセッションを求めるお客様も多数。

国内外の経営者様にも信頼が厚く依頼が絶えない。

インナーベビーヒーリング創始者で養成講座を主催するなど現在はスピリチュアルライフリメイクコンサルタントとして活動は多岐にわたる。

これから始める人にも、わかりやすく丁寧に教えていきます。

メールアドレス　kira.kira.hikaru.star1111@gmail.com

神様と親しくなる簡単なコツ

Skipperこと 坂田暢悠

―― 丸井章夫先生より

坂田さんとの出会いは、私が東京で開催した「開運行動70」セミナーにご参加いただいたところから始まっています。そのときに会場内で「丸井先生、本当にそうなんです～」と、私のセミナー内容に何度もうなずいていらしたことが印象的でした。うなずくのもそのはず、ある意味、思いっきり私と同業者だったので、私が体験してきたこともひととおり、坂田さんも体験されてきたということだったのです。本年も、坂田さんとのコラボセミナーを東京、名古屋で開催して大好評でした。秘儀も余裕でできる方で、知識も豊富な頼れる兄貴分です。

ここ数年、御朱印ブームに代表されるように、神社・仏閣が改めて見直され、若い世代でも大勢の方が神社・仏閣へ訪れるようになりました。

神社とは、文字どおり神の社。神様がお祀(まつ)りされている場所ですが、みなさんは神様についてどんなイメージをお持ちでしょうか？

宇宙？　創造神？　完全なる存在？

たいていの方が、何か崇高なるもの、畏怖すべきもの、そんなイメージをお持ちなのではないでしょうか。

とにかく我々人間とはかけ離れた存在。そのように思っている方がほとんどだと思います。

宇宙神や創造主と呼ばれるような、大きな存在がいるかいないかと問われれば、それは私にもわかりません。もし存在するとするならば、おそらく、それはもう、一つの個としての概念を超越した、我々の理解と認識を超えたとても大きな存在であろうと思います。

ここで言う神様とは、そのような認識を超えた存在のことではなく、みなさんが身近に接する神様たち。そう、神社にお祀りされている神様たちのことです。

それでも『神』という存在は崇拝し畏怖し、罰を当てる存在。そのように思っておられる方もいるかもしれませんね。

しかし、神様たちって決してそんな方たちではなく、神社にお祀りされている「人格神」と呼ばれる神々様は、みなさんが思われているよりもとても親しみやすく、人間くさい方たちなのです。

もちろん、礼儀やマナーは必要だと思います。ですがそれは、人対人でも同じこと。私はいたずらに崇め奉ったり、恐れおののいたりする必要はないと思っています。

我々が普段、人付き合いとしてする接し方、それができれば何も問題はありません。神様たちって、我々が思う以上にとてもフレンドリーな存在なのです。

【神様にもそれぞれ個性がある】

日本の神々様は、やはり日本人気質とでも言いましょうか。全体的にはシャイであまりペラペラとはしゃべらない印象があります。外国のほうが、比較的陽気な神様たちが多い気がいたします。エジプトの女神イシス神には、延々と愚痴を聞いてもらい、「あんたも苦労してんのね～」なんて慰めてもらったことも……（笑）。

そして当然ながら、男神様・女神様でも傾向が違うように感じます。

男神様も女神様も、厳しい方は厳しいし、優しい方は優しい。それはもちろん我々人間と同じなのですが、これまで私が感じてきた全体の傾向としては、男神様のほうが優しい感じ、女神様のほうが厳しい感じがいたします。

ご家庭でも、お子さんのしつけをするのはお母さん。まぁまぁとなだめるのがお父さん。そんなイメージに近いように思います。

女神様が厳しめと申しましたが、それはもちろんその裏に深い愛があってのことです。打ちひしがれて、自らを反省し、救いを求めに行ったときには、それにさらに追い討ちをかけ、とどめを刺すような残酷な真似はいたしません。何も言わず、ただ黙って包んでくれます。

私も何度も失敗し、そのたびに木花咲耶姫命（このはなさくやびめ）様には包んでいただきました。

人間は未熟ですから、何度も過ちを繰り返します。ですが神様たちは、何度失敗をしようとも、そのたびに包んでくれる絶対に見捨てない存在なのです。

女神様たちは、普段澄まして厳しめの方が多いのですが、では男神様たちはどうでしょう？

私は陽気な神様の日本代表として、この方を挙げずにはいられません。それは素戔嗚尊（すさのおのみこと）様です。日本の神様の中で私が知る限りでは、この方の右に出る者はいないのではないでしょうか。

あるとき、素戔嗚尊がお祀りされている社にお参りした際のエピソードは、傑出しています。神前で手を併せますと、まるで芸人の江頭2：50かサンシャイン池崎のように、舞台の袖から「いよぉ～!!」と雄叫びを上げ、お姿を現しになりました。「マジかよ、神様ってこれでいいのか……!?（汗）」

私もまだそのときは自分の中での神様像という固定観念がありましたので、あまりのギャップに、しばし呆然（ぼうぜん）と固まってしまいました。

またあるときは「困ったことがあるならいつでも言えよ！」とおっしゃるので、「なら、金くれ」と言いましたら、「うぅぅ……、できるだけ頑張る……」とおっしゃいました。「あ

～、ダメだこりゃ（笑）」と、日本の神様でもこのように陽気な方もいらっしゃるのです。

素戔嗚尊様の名誉のために付け加えておきますけれども、とても陽気な方ですが、きちんとされているときはされています。たとえるなら、遠山の金さんのようにガラッと変身されます。そこはちゃんとわきまえておいでです。

【神様は気前がいい!?】

神社に何度もお伺いして神様と親密さを増し、マブだちになると、いろいろなことをしてくださいます。お祓（はら）いをしてくれたり、大きな団扇で扇いでくれたり、花環を頭にかぶせてくれたこともありました。

ほかにも剣や弓、打ち出の小槌（こづち）、扇子や枡（ます）や巾着や宝玉、榊（さかき）の枝や梅の枝……これまで私もさまざまな物をいただいてきました。もちろん目に見えるものではありませんので、その人のオーラの中にエネルギーとして内包されていくものです。これらのものをいただいたからと言って、すぐに何か起きたり、人生が劇的に変わったりするものではありませんが、まるでゲームの主人公が魔法使いに会い、アイテムをもらって少しずつレベルアップしていく。そのように思えて、うれしくなります。

これもきっと、御守護や手助けの一環なのでしょう。「何かもらえるかも?」な～んて欲にまみれず素直な心で参拝すると、もしかしたら何かしらのご褒美をいただけるかもしれませんよ。

【神様から招かれる!?】

神様たちに好かれ始めると、神様のほうから神社に招いてくださることがあります。みなさんはこんな経験をされたことはないでしょうか?

テレビ、新聞、雑誌、友人や家族の会話から、ある特定の神社の名前が何度も目に飛び込んできたり、聞こえてきたりする。2回目までは偶然とも言えますが、3回目以降は必然です。『それ、呼ばれてます!』(笑)

スケートの浅田真央(あさだまお)選手が持っていた白い氣守りで有名になった埼玉県の三峯(みつみね)神社に、

私が初めて呼ばれたときには、わずかひと月のあいだに十数回以上、その名前が目に飛び込んできました。当時はまだ仕事がとても忙しく、「いつか行けたらいいな……」くらいの気持ちしかなかったのですが、あまりにもしつこいので(笑)、鈍い私でもさすがにわかりました。

「もうわかったから、必ず行くから(汗)」と言うと、それ以降はピタッと止まりました。もし同じような経験をされている方がいるなら、そのサインを気のせいだと無視せずに、時間を作って訪ねてみてください。神様からの招きに応じた人を、神様は可愛がりこそすれ、決して悪いようにはいたしません。

それでは実際に神様と親しくなり、親密な関係を作っていくには、どうすればいいのでしょうか。

【My神社を決めよう】

それはずばり、会いに行くことです。人間同士でも、共に過ごす時間が長ければ長いほど、親近感が増すと言われます。

時間を作り、何度でも足しげく通ってきてくれるのは、誰しもがうれしいもの。神様も同様なのです。私は朔日（さくじつ）参りや十五日参りを欠かさないようにしていますが、あるとき神様からこのように言われました。

「こうして日にちを決めて定期的に通ってくれるのは、とてもうれしいものですよ」と。

神様は初詣で何千人、何万人の人が訪れようとも、誰が参拝に訪れたのかをちゃんと把握されていらっしゃいますからね。

では、どこの神社に行けばいいのか？

産土神・氏神様と取り沙汰されていますが、産土様は、引っ越しや転勤等で生まれた土地を離れた方、不明の方も多いかと思います。もちろん判明されている方はそこへ行かれたらよろしいのですが、判明していても遠方で頻繁に足を運ぶのが困難な方もいるかと思います。

まずはお住まいのご近所で足を運びやすい神社さん（御近所の神社さんでしたら、たいてい地域の氏神様になっているはずです）、ご自身のお好きな神様がお祀りされている神社、「あぁ、この場所、なんか好きだなぁ」と思える神社を「Ｍｙ神社」にしてください。「なんか嫌な感じがする」というのであれば、氏神様とされていても無理に行く必要はありません。ご自身の感覚に従ってくださいね。

Ｍｙ神社を決めたら、産土様や氏神様が気になる方は、そこでそちらの御祭神に「いつもありがとうございます。～～こういう事情で伺えませんが（判明しませんが）、よろしくお取次ください」とお願いしましょう。

ここで重要なのは、接触頻度を増やし、顔を覚えてもらい、親密さを増しましょうということです。

神様同士はネットワークがあるらしく、あなたの想いは御祭神を通じてきちんと伝わります。神様はそれで不義理をしたとは思いません。事情はちゃんと理解してくれますので、安心してください。

子供のころ叱られたときに泣きついた、おじいちゃんやおばあちゃん。なんでも相談できるおじちゃんやおばちゃん。そんな用心棒のような、いつもそばで見守ってくれるMy神様がいてくれたほうが心強いとは思いませんか？

旅行やその他でいろいろな神社にお出かけになる際にも、My神社でその旨をご挨拶しておくと、現地の神様に連絡が行き、道中安全はもとより、旅行もきっと楽しいものとなるでしょう。

【skipper流参拝法】

参拝の作法については、手水の作法や二拝二拍手一拝から始まるなど、みなさまご存じのことと思います。すでに著名な方たちが参拝作法は説明されていますので、細かくは割愛しますが、私から付け加えさせていただくのならば、二拝二拍手をし、御挨拶をする前に、御祭神のお名前をお呼びするということです。それも、3回お呼びしましょう（その理由は後述します）。

御朱印ブームに伴い、神社を訪れる人が増えたのは喜ばしいことなのですが、残念ながらら御朱印だけ拝受し、手を併せずにお帰りになる方もいらっしゃるようです。その方の住まいを訪ねておいて、挨拶もせず、お名前さえ知らないのでは失礼だと思いませんか？

もちろん神様はそんなことで気分を害されるような器の小さな存在ではありませんが、名前を覚えてもらうほうがうれしいのも同じです。

また、あなたがどなたに向けて発信しているのかが、明確になる意味合いもあります。わからなければ社務所で教えていただけるので、参拝前に御祭神のお名前を把握されて、一般的な神様という言い方ではなく、ぜひ御祭神のお名前をお呼びしましょう。お名前をお呼びすれば、普段は奥のほうに控えている神様も、あなたの目の前までお出ましになってくださいますよ。

【お願いごとはしていいの？】

「神社は感謝を奉げる場所。お願いごとをする場所ではない」

こうおっしゃる方もいます。もっともなご意見だと思います。否定するつもりはありません。私も参拝時にはまず日ごろの感謝を述べますし、以前は私もそう思っていました。ところがいつものように参拝しておりますと、「お前の言うことはいつも同じでつまらぬ。自分の願いごとはないのか？」そう言われてしまいました。

「世のため、人のためと願っているのに、自分のお願いごとをしていいの!?」と思いましたが、願いごとは大いにしてよいのです。

ただし、勘違いしないでいただきたいのは、お願いするだけでは叶いません。神様たちは周りの状況を整えてはくださりますが、チャンスをつかむのは自身の行動です。棚ボタを期待しても、それは無理な話です。そこまでは甘くありません。宝くじも、買わなければ当たりようがないのと同じですね。

神様は、天の采配はしてくださいますが、現実に顕現させるのは肉体を持った我々にしかできないことなのです。感謝を述べる場所というご意見は、多分に戒めを含んで仰っていることだと思います。「決意表明をする場所であって、願いごとをする場所ではない」というご意見は、人事を尽くして天命を待つ、この精神を指してのことだと思っています。

そしてもうひとつ注意点があります。お願いごとは2回目以降にしましょうという点です。もう何度も通われているＭｙ神社なら気心が知れているでしょうが、初めこそきちんとしたご挨拶だと思います。

初対面の人に「お金貸して」と頼まれて、あなたは貸すでしょうか？　人間関係も第一印象で決まると言われますよね。いきなり不躾（ぶしつけ）な人を、神様はどう思われるでしょうか？

また、旅行などで訪れた遠方の神社さんなども、ご縁をいただいた感謝のご挨拶だけにとどめ、再びお礼参りに訪れるのが困難ならば、お願いごとは控えたほうがよろしいかと思います。そちらの御神徳が有名で、どうしてもこの神様にお願いしたいというのであれば、その旨をお伝えして、叶った暁には、遅くなっても必ずお礼参りに行かれるようにしてください。

神様は罰を当てることはありませんが、礼儀に厳しい方がいらっしゃるのもまた事実です。手助けいただいたのなら、御礼を述べるのは人の世でも当たり前。それができないのなら、初めから失礼なことはしないに越したことはありません。

【お願いの仕方】

では、神様にはどのようにお願いごとをしたらよいのでしょうか？

まずは、自分軸をしっかりと持ちましょう。あなたはどうするのか？　どうしたいのか？　どうなりたいのか？　目標は？

この部分が自分の中で曖昧だと、神様もどう手助けすればよいのかわからず、戸惑ってしまいます。「お前は何を望んでいるのかがわからん！」、こう言われてしまうこともあります。

お願いごとをするのなら、自分の考えを整理しておくことも重要です。

神様は我々人間の自由意思は侵さないので、命令や強制は絶対にしません。

それは我々の学びと成長の機会を奪うことになりますし、それではまるで人間は神のロボットになってしまいます。

神様は心の中をお見通しですが、「察してよ」は通じません。リクエストしないのに勝手に介入してくることはないのです。

ですから、お願いをするときは、なるべく具体的に宣言をされたほうがいいと思います。

以前、転職をお願いしたときの話です。

転職をするからには年収アップをはかりたいのが人情ですので、私もご多分に洩れず「希望年収ウン百万をいただける企業」とそのようにお願いしました。神様から「時間はかかりますよ」と言われておりましたので、その間、転職サイトに登録したり、面接に行ったりと、自分のやるべきことはこなしておりました。約半年後に希望額を提示してくれる企業からオファーが舞い込み、結果、転職が叶ったわけです。

◆転職活動→自分の行動。
◆オファーが来た→神様がチャンスをくれた。
◆面接→そのチャンスをつかんだ。
◆採用→叶った。

ここで理解していただきたいのは、私はこういうプロセスをたどったということです。私は「面接」というチャンスを与えられたわけですが、印象が悪かったのなら不採用になっていたでしょう。与えられたチャンスを生かすも殺すも、最後は自分次第ということです。

しかし、この話にはオチがありました。転職が叶った当時は、「よし、俺の値打ちが世間に認められたんだ！」と有頂天でしたが、それだけの年収を得るには当然幹部職です。世の中、それほど甘くはありません。激務とストレスで、結果、私は身体を壊してしまいました。

そしてまた神様に聞いてみたのです。「話が違うじゃないのよさ！」

すると神様は、「あなたの希望は叶えましたよ」……（ちーん）。

このように、ときどき容赦ないこともあります（笑）。

私もこのとき、「仕事が緩い職場」という条件も併せてお願いしておけばよかったと後悔しましたが、もうあとの祭りでした。

まぁこれも、天の采配。私にとっての学びのひとつではあったのですが……。

ですから、希望条件は具体的に遠慮せず宣言するということも、もうひとつのポイントだと思います。

そして、やることは自分で決めてください。丸投げではなく、行動してください。

神様が願いを叶えてくださるのは、手助け、後押し、天の采配です。

この現実世界に、手はくだしません。種を撒かなければ芽は出ないように、あくまで我々が現実を生きてこそなのです。


【願望実現を加速させる二十一日参り】


みなさんは「二十一日参り」という言葉をお聞きになったことはありますでしょうか？

お百度参りなら、きっと耳にされたことがあるでしょう。時代劇では、お百度を踏むシーンを見ることができますね。

これは現代でも行われている風習で、いまは一日で百返の拝礼に簡略化されていますが、お百度参りも、もともとは百日続けて参拝することを指して言っていたのです。二十一日参りも、文字どおり二十一日間、一日たりとも休まず参拝するということです。

初めは楽勝と思って取り組むのですが、これがなかなか……体調が思わしくない日もあれば、急な用事ができてしまったり。

一日でも欠けたらそこでリセット。初めからやり直しですから、実際に始めてみると想像していたより簡単ではないことを思い知らされます。

お願いごとの大小、内容も人それぞれですので、一概にはかることはできませんが、参拝中から効果が感じられた、三カ月後に願いが叶った、など、私の周りでは、ここぞというときに二十一日参りをされている方が非常に多いです。

また、脳科学の分野でも、潜在意識に定着させるのには21日間同じことを繰り返す必要があると言われています。

一日一回願望を繰り返すことは、科学的にも理にかなっていることなのです。

神様は、あなたの決意のその真剣さ、熱心な姿にほだされて、手を差し伸べてくださるのだと思います。

【宇宙の法則は3回】

世の中を注意深く見渡してみますと、『3』の多さに驚くことでしょう。言葉を挙げてみても、「団子三兄弟」、「石の上にも三年」、「仏の顔も三度まで」、〈魂・精神・肉体〉や〈心・技・体〉と言った三位一体……「三」の言葉が並ぶ例は枚挙に暇がありません。

科学の分野でも、色の3元素、三角形のトラス構造（四角形より強度が強く安定する）。宗教分野でも、キリスト教では父と子と精霊。神道では造化三神から始まり三種の神器。仏教でも三宝。仏様の真言（マントラ）も三返からです。

このように、『3』でひとくくりの思想は中国やヨーロッパ、世界中で見られます。3は調和と安定をもたらす数なのです。

アファメーションと言われる自分自身への肯定的な宣言（日本流に言えば言霊）も、3回唱えることによって宇宙へ設定されると言われます。

神社へ参拝に行くと、お賽銭箱の周りで「祓え給い、清め給え。守り給い、幸え給え」という文章を目にされたことはないでしょうか？

これは『神拝詞（となえことば）』と言い、いちばん簡単な祝詞とされています。宗派によって文言が若干違う部分はあるのですが、二拝する前に、この祝詞も三唱するとされています。古の日本人はきっと宇宙の法則を理解していたのだと言わざるを得ません。

前項で、御祭神のお名前を3回お呼びしましょうと申しましたが、さらにお願いごと（アファメーション）も3回繰り返して唱えるようにしましょう。

3回繰り返すときには、一回ごとに、神、宇宙、自分へ向けてと意識をしてください。これは神に対する宣言。宇宙に対する宣言。また自分の潜在意識へと刻む宣言になります。神のみならず、宇宙と自分、三位一体で願望の実現を手にすることができるのです。宇宙までも味方につけたのなら、百人力だとは思いませんか？

いかがでしたでしょうか？

私も以前はみなさんと同じように、神様って何か近寄り難くて崇め奉る、我々人間とはかけ離れた全能なる存在。そんなイメージを持っていましたが、いろいろな体験を積み重ねることによって、神様の本当の姿らしきものが、おぼろげながらだんだんとわかってまいりました。

神様たちって我々が抱いているイメージと違い、本当に人間くさくて、人情味が感じられ、我々と寸分違わぬ感覚をお持ちのように感じます。

礼節は大切だとは思いますが、それも人に接するのと同じ常識の範囲内の話です。変に構えて硬くなる必要はないのです。

「今日も、顔見せに来たよ～」それだけで喜んでくれる存在なのです。

私なんか、参道は平気で真ん中歩くわ、神様を「じじい」呼ばわりするわ、これまでどれだけの無礼を働いてきたことか……(汗)。それでも怒らず寛容に受け止めてくれる存在です。

私の体験談を織り込んでここまでお話をしてきましたが、これがきっかけとなり、みなさんが神様に対して抱いてきた要らぬ先入観を払拭していただけたのなら幸いです。

ここでは「神様」のお話をしてきましたが、もちろん仏様たちも敷居は高くなく同様です。こちらから親しみを持って近づいていけば、必ずそれに応えてくれる。そんな存在なのです。

最後に木花咲耶姫命様からのお言葉をお伝えしましょう。

「神は力を貸すだけ……」

このあとにどのような文言が続くのかは、みなさんそれぞれで、もうおわかりのことだと思います。

skipper こと 坂田暢悠 （さかた・ちょうゆう）

スピリチュアルソウルコーチ・セラピスト
神仏開運プロデューサー
2017年 羽黒山にて修行し法名「暢悠」取得
出羽派古修験道山伏

1971年、東京は目黒不動の三軒隣で生まれる。（江戸っ子）

外食産業では、学生アルバイトから店長に抜擢。

その後港湾建設業に転身、ODA（政府開発援助）にてエジプト・アラブ共和国に派遣。

帰国後、その功績により表彰。並びに取材を受ける。のちに役員まで務める。

順風満帆な人生に思われたが、その後急転落。身体と精神を病み、「答え」を求め彷徨い歩く。

自身が多数の霊能者を渡り歩いた経験から、聞く側から伝える側にまわる決意をする。

調理師・土木技士・航海士・法律家と多彩で異色な経歴。

全てをスピリチュアルに結びつけず、これまでのビジネス経験による現実的なアドバイスで
スピリチュアルらしくない人との定評がある。

一人でも多くの方に自身が辿った遠回りの人生ではなく、「近道を歩んでほしい」との思いから、

「地に足のついたスピリチュアル」を掲げ東奔西走中。


【活動内容】

主にメールにて
○ 神仏よりの愛のメッセージ（チャネリング）
○ 前世リーディング
○ 遠隔ヒーリング
○ 神仏コネクションアチューメント

フィールドワーク
○ 個人様の同行参拝
○ 神社リトリート（ツアー）春期・秋期
○ 東京・名古屋・大阪にてお茶会・個人セッション開催。夏期・冬期

Fm GIG 「今日もごきげん ♫ 愛と和音のじょいふるステーション」
毎週木曜 20:30～21:00 ON AIR 2017年8月3日10日17日 3週連続ゲスト出演
2018年1月4日11日18日 3週連続ゲスト出演

お申込み、イベント予定、ご連絡は下記から
【アメブロ】 神々の囁き https://ameblo.jp/kamigamino-sasayaki/
【face book】 坂田暢悠 https://www.facebook.com/Greatskipper

経営者の問題解決に特化したお金と運気の引き寄せ方

野村英生

―― 丸井章夫先生より

野村さんは、私のお客様の社長さんの長年のお知り合いということで名古屋の鑑定オフィスにいらっしゃったことがお付き合いの始まりです。その後、私の「開運マスター」という開運ノート術と占いの講座を優秀な成績で卒業し、その後は講演会やノート術のセミナーの講師として活躍されています。また開運マスターのメンバーの精神的支柱としても存在感があるダンディな男性です。

中小零細企業の経営者の問題、悩みのベスト3で圧倒的に多いのが、「売上増加」「人材・雇用」「資金繰り」ですが、それ以外になんと女性問題が多いのに驚きました。この悩みベスト3＝「3つのゆううつ」と女性問題を解決するのに必要なこととは何か？ それは、**「お金」と「運気」**です。

「お金」と「運気」を自分の思うとおりに引き寄せることができれば、これらの問題は、あっ、と言う間に解決します。

この「3つのゆううつ」を解決するのにいちばん必要なことはなんですか、と経営者に尋ねると、ほとんどの方は「売上増加」と答えます。二番目に「優秀な人材の確保」です。

ご存じのように、いまや少子高齢化は深刻な問題です。2025年までに中小零細企業の経営者の6割が「リタイヤ適齢期」の70歳を超えます。このことは、業績良好でも後継者不足等の理由で会社を畳むケース、すなわち廃業や休業をせざるを得ないケースが急増する「大廃業時代到来」と言われています。

テレビドラマ『下町ロケット』『陸王』『ルーズヴェルト・ゲーム』などに代表されるような、

中小零細企業の高い「オンリーワン」の技術力が、消滅の危機に直面しているのです。

しかしこのことは、逆転の発想で、高い技術力とそれを作り出せる匠の技を長年にわたり培ってきた優秀な人材の両方を手に入れる「大きなビジネスチャンス」です。もっと言えば、日本のモノづくりの技術を守り、グローバル競争を勝ち抜くチャンスになるのではないでしょうか。

もちろん、モノづくりの製造業以外の業種でも同じことが言えます。すでに、このことに気づいている経営者の方々も多いと思います。

そのために、真っ先に考えなければならないことは何か？

もう、おわかりになった経営者も多いと思います。

それは、**ズバリ「資金繰り」＝「お金」**です。

しかし、ほとんどの経営者は「お金」のことをいちばん後回しにしています。それはなぜでしょうか？

ずばり、経営者は、自分の会社の決算書がわからない、決算書の中身＝自分の会社の「お金」の流れがわからない、からです。

取引銀行から決算書の内容について説明を求められても自分で説明できない。なぜなら、経理担当者などに丸投げ状態が普通だからです。ゆえに「お金」のことをいちばん後回しにしているのです。

一方で、「お金」のことを真っ先に考えている経営者は、どうしているのか？

会社のお金の流れを理解し、**会社がつぶれない「資金繰り体質」＝資金繰りに余裕がある会社**、にしています。会社の支払日に「1円」現金が足りなくても会社は倒産します。

私自身、36年の永きにわたり、愛知県内に本店を置くS信用金庫の支店業務ひと筋に勤め上げ、金融のプロとして多くの会社の決算書を見てきました。とりわけ5店舗で約10年間、支店長として、たくさんの中小零細企業の経営者の方々と接してきてわかったことです。

会社の資金繰りに余裕があれば、「売上増加」のため、たとえば、新商品開発や大規模な宣伝広告活動など、業容拡大のために必要なコスト、また、製品開発に必要な優秀な技術者や品質管理に必要な人材や営業マン、事業統括者などの人材確保に必要なコストなどを賄えます。

では、この「お金」の問題をどうやって解決したらいいのか？

それはズバリ、「お金」を調達する「銀行との上手な付き合い方」を知ることです。それがわかれば、経営者の「3つのゆううつ」＝①売上増加、②人材・雇用、③資金繰り、の問題は、いとも簡単に解決することができます。

さらに、経営者の「3つのゆううつ」の問題を解決するのに、もうひとつ、とても大切なものが必要です。

それは**「運気」、経営者の「運気」**です。この経営者の「運気」が、会社の発展、衰退にとても大きく左右していると言っても過言ではありません。

このことは、名だたるカリスマ的経営者、政治家、大昔の武将たちまでもが必ず「運気」を引き寄せ、「運気」を上げることで、偉大なる成功者になっていることからも証明されます。

たとえば「経営の神様」と言われた松下幸之助（まつしたこうのすけ）さん。

社員を採用するときに「君は幸運の持ち主か？」と聞いて、「はい」と答えた人を採用していた、というエピソードは有名ですね。

また、この松下幸之助さんが足しげく通ったのが、三重県鈴鹿市の椿大神社。御祭神は猿田彦大神、道開きの神。全国猿田彦神社の総本山。境内には、松下幸之助神社が鎮座されています。

また、明治時代の政治家・伊藤博文さんは、広島県・世界遺産の厳島神社の厳島大神（市杵嶋姫命、田心姫命、湍津姫命の三女神）が降臨した霊峰「弥山」からの瀬戸内海の眺めを絶賛。この厳島神社はその昔、平清盛公が篤く尊崇し社殿を造営したことは、みなさんのご存じのところです。

戦国時代においても、遠江国の一ノ宮・小國神社。御祭神は大己貴命、大黒様をお祀りしています。かの天下人・徳川家康公はじめ、多くの武将から信仰を承けていました。とくに、徳川家康公が甲斐国・武田信玄公との戦の前に戦勝祈願に参拝したことはよく知られています。この戦いで本殿が焼失するも、のちに戦いに勝利した徳川家康公は本殿を再興し、戦勝のお礼に自身愛用の太刀を奉納。手厚く擁護していた、という言い伝えが残っています。

これらは、真の実力を持ち合わせていながら、実際に「運気」を引き寄せて成功者になった方々の一例にすぎません。

これ以外にも、多くの成功者たちは、「運」「幸運」というものをとても大切にしていました。

「運」には二種類あるのをご存じですか？

ひとつは「先天運」もうひとつは「後天運」です。

「先天運」とは、よく言われるところの「運命」。「運命」とは、みなさんが生まれながらに命とともに運ばれてくる「運」のことです。これは、変えることはできません。

もうひとつの「後天運」とは、あとから運ばれてくる「運」。この「運」は、みなさんが自分で引き寄せることができる「運」のことです。この「後天運」を自分で引き寄せ操ることで、無限の未来の可能性を切り開くことができるのです。これは、**自分が「幸運体質」**になる、ということです。

経営者が「運気」を引き寄せ、自らが「幸運体質」になることとは、私が経営者の問題解決に特化した開運コンサルタントの際、多くの経営者の方々とセッションさせていただいたことでわかってきたことです。

その引き寄せの方法とは、経営者自身の「九星気学風水」に基づき導き出した「吉方位」の最大限の効果取りに、神社参拝を組み入れた方法です。要するに、**自分の「吉方位活用＝自力」と、「神さまのご加護＝他力**（神さまのお力を「他力」と言うには大変失礼な言い方かも。神さま、お許しください）**」**との合わせ技です。

また、これも経営者の方々とのセッションでわかったこと。それは、経営者（男性）には女性問題でお困りの方が実に多い、ということです。成功者といわれる経営者の方々も、こと女性問題には詰めが甘いものですね。でもご安心ください。血を見ずに解決する方法が、ちゃんとありますよ。

この引き寄せの方法（以下「引き寄せシステム」とします）を理解して「行動」すれば、いとも簡単に「幸運体質」になり、「幸運」は雪崩のごとく押し寄せてきます。昔から、「運も実力のうち」と言います。ならば、この「引き寄せシステム」を使わない手はありません。

「行動」することで、次の「扉」が現れます。その「扉」の鍵は経営者であるあなた自身の心の中にあります。さあ、その鍵を使って「扉」を開けましょう。開ける「行動」をした瞬間から、「幸運」の引き寄せが始まります。


では実際に「お金」と「運気」の「引き寄せシステム」についてお話しします。

【「お金」の引き寄せシステム＝銀行との上手な付き合い方（自力編）】

「お金」の引き寄せシステムとは、ずばり、「お金」の調達のことです。

これは銀行と上手に付き合うことで、引き寄せることができます。それには、銀行という生き物を知る必要があります。経営者のみなさん、銀行ってどんな生き物か、ご存じですか？

銀行とは、

1 「リスク」大嫌い。「急」が大嫌い。「前例主義」が大好き。メインバンクの動向を超気にする。超保守的でご都合主義の生き物。

よって、銀行は晴れの日に傘を貸して、雨が降ったら傘を取り上げる、のは本当です。

2 銀行が「お金」を貸したくなる会社とは、どんな会社?

確実に返済してくれる会社=資金繰りが上手くいっている会社。つまりは黒字決算の会社です。

3 銀行が「お金」を貸したい時期があるのをご存じですか?

これは、経営者側からすると、もっとも資金調達に適した最高の時期、のことです。その時期とは、銀行の決算期の3月と仮決算期の9月です。銀行は、みなさんの命の次に大切な「お金」を預金として預かり、その預かった預金=「お金」を借りたい会社や個人の方に融資しています。いわば、人の「ふんどし」で相撲を取っているわけです。この融資を増やすことで、銀行の利益を出すという仕組みなのです。

では、なぜこの3月と9月に銀行は「お金」を貸したいのか？

①銀行は「ディスクロージャー誌」という銀行の業務等の内容を、半期ごと（年に2回）に作成、公開することが法律で義務づけられています。時期としては、3月末と9月末の業務内容等の数字を開示して掲載します。当然、信用第一がモットーの銀行は、利益を増加させ、当行は安全性、健全性、信頼性の高い銀行であるということをアピールしたい意図があるわけです。

②銀行の中でも、とくに政府系の銀行、日本政策金融公庫、商工組合中央金庫（商工中金）などは、融資金は国からの予算でまかなっています。ちなみに、日本政策金融公庫の2019年度政府案予算は約5兆円。予算は確実に消化しないと、次年度予算で削られかねません。そこで、この3月と9月はどうしても予算を使い切りたい。彼らは、貸したくて貸したくてしょうがない時期なんです。言い換えれば、融資審査上、多少リスクがある会社でも借りやすいのです。もちろん民間の銀行でも、この時期の融資目標は銀行の利益を上げるために必ず達成せよ、との強い業務命令が出ます。私も、現役の支店長時代には、

この時期には必死で「お金」を借りてくださる会社探しに奔走していました。そのときに借りてくださったお客様にはいまでも感謝しています。ありがとうございました。

4　銀行が「お金」を貸したい時期がわかったら、次にどこの取引銀行に相談すればよいか？

それは経営者の吉方位にある取引銀行に相談することです。これは経営者の「運気」も引き寄せます。そして、常日頃から、吉方位を意識して行動することがとても大切です。

経営者の吉方位とは、九星気学による「一白水星」「二黒土星」「三碧木星」「四緑木星」「五黄土星」「六白金星」「七赤金星」「八白土星」「九紫火星」の九星の動きによって、その方位の吉あるいは凶を占います。

その吉方位にある取引銀行がメイン銀行でなくても大丈夫。メイン銀行以外のほうが、融資条件がいい場合があるからです。サブ銀行のほうは、ここでメイン銀行の融資を肩代わり、すなわち融資を増加するチャンスとなり、成績が上がるからです。かえって、メイン銀行のほうが、条件が悪い場合が多いです。メイン銀行は、何か重大なトラブルが発生しない限り、その会社が銀行取引をほかの銀行には変えない、と思っている傾向が強いからです。

次に、経営者の吉方位にある取引銀行に相談したら、そのほかの取引銀行にも同様に相談してください。これは、経営者のみなさんが何かの取引をされるときに、相見積もりを取って、少しでも条件のいいところと取引されるのと同じことです。銀行借り入れに、負い目、を持つのはやめましょう。銀行との取引はビジネスですから、お互い対等の立場なのです。取引銀行同士を競争させ、少しでもいい融資条件で融資してもらえばいいのです。

ここで気をつけていただきたいのは、すべての取引銀行に、同じように融資の相談をした、と伝えることをお忘れなく。仮に凶方位の取引銀行に相談したとしても望む回答は期待できない、というだけです。あくまで、こちら側にとってよりよい融資条件を提示させるためです。

これが銀行との上手な付き合い方です。

【経営者の「運気」を引き寄せる方法＝システムとは（他力編＝神社参拝して神さまから後押ししていただく方法）】

1　氏神さまをいちばん大切にして、氏神神社に参拝。

2　次に、経営者ご自身が崇敬する神社参拝。

3　経営者の吉方位にある神社参拝。とくに叶えたい願いの目的別に、その願いを叶えてくれる神社参拝がお勧め。たとえば商売繁盛、縁結び、厄よけ、など。

4　取引先の選別。経営者の吉方位から来る取引はいい結果につながりやすい。逆に、凶方位から来る取引はいい結果にならない場合が多く、注意が必要（たとえば不渡り、倒産など）。

5　取引拡大を図るとき、取引深耕する地域の一ノ宮の神社、またはどうしても取引したい相手企業の地元地域の神社にご挨拶に参拝。

6　願いが叶ったときには、必ずその叶えてくださった神社にお礼参拝し、つねにお礼と感謝の意思をお伝えする。

7　悪縁は切る。

以上のように、ここまでお話したふたつのことを実践すれば「お金」と「運気」を誰でも引き寄せることができます。そして、経営者の「3つのゆううつ」＝「売上増加」「人材・雇用」「資金繰り」の問題は、いとも簡単に解決することができますよ。

《番外編その1》

私が開運コンサルタントのセッションをしている経営者の方々において、とても多くの方が異性問題を抱えていることがわかりました。浮気や不倫問題です。本来からすれば倫理に反すること。お天道様はごまかせても神さまはごまかせません。

では、いったいどうやって解決するのか？

実際にあった相談事例をご紹介します。

某会社の社長(男性)。浮気していた相手女性の住まいが、その社長の凶方位。密会していた場所も凶方位。すると初めに、その社長の体調に異変が現れました。

体調が悪化してきたため、吉方位にある病院に通院するように伝えたところ、ほどなく回復しました。

すると4~5カ月たったあたりから、今度は会社の社員に事故やケガが続いて発生。そこで、厄を断ち切ってくれる神社をご紹介しました。その神社にご祈祷参拝を3カ月(朔日参りでご祈祷参拝)継続してもらいました。その結果、会社での事故等はなくなり、その女性との縁も解消されました。その社長自身も女性とは縁を切りたい、と強く願われたのです。

本業に支障が出るのは本末転倒。この程度で済んでよかったです。また、奥様はなんと以前から社長の浮気をご存じでした。人は痛い目に合わないと気づかないものですね。

それにしても神さまのご加護はすごいです。あれからその社長、毎月朔日参りでご祈祷参拝を継続されてます。

たとえ、浮気が奥様にバレてしまったとしても、離婚だの慰謝料請求の裁判だのといった「血」を見るような修羅場にならない方法があります。

その方法とはずばり、「奥様ファースト」の日ごろからのおもてなし、です。

要は、取引先の偉い様にされていること——たとえば高級レストランでの飲食、接待ゴルフ、盆・暮れ・誕生日の贈答などなど——と同じことを、奥様にもすればいいのです。「奥様接待」です。

つねに、家庭を守っているのは奥様。奥様は内神さま、なんです。当然ながら、お礼と感謝の気持ちをつねに忘れずに接待申し上げてください。

じつは先ほどの事例の社長、浮気はいつも奥様にバレているそうです。でも、一度も修羅場になったことがないそうです。なぜならこの社長、以前から年2回の家族旅行、誕生日、クリスマス、ホワイトデーなどのイベントごとのプレゼントなど、「奥様接待」をしっかりと継続されてきました。そしていつも、「うちの嫁は500点満点」と言っています。このことが、夫婦円満の秘訣ですね。素晴らしいです。

もちろん、私自身も「奥様接待」しています。残念ながら浮気はしておりません。サラリーマン時代、つねに家庭を守ってくれた家内への感謝です。

とはいうものの、いつの時代、いくつになっても男女の仲はたいへんです。

最後に、男は「自分ファースト」です。

つらい思いをするのは、いつでも女性です。

くれぐれも、ご用心なさってくださいませ。

《番外編その2》

じつは私、5年前にガンを発症し、手術しました。その後、再発し、再度手術。さらにその6カ月後にまた再発し、現在も治療中です。そこで、なんとか九星気学の吉方位の効果取りで、身体からガンを追い出せないかと思い、いろいろと効果のある方位を調べました。

その結果、昨年2018年の私の吉方位、自宅から西30度にある出雲（いずも）大社へ3泊4日の吉方位旅行に、2月、7月、11月と3回行きました。松江の玉造温泉で湯治もしました。すると、２０１８年の2月以前のＣＴ検査結果と比べてガンの進行が止まったのと、腫瘍マーカーの数値も徐々に下がり始め、いまではほぼ正常値の範囲になっています。これには、主治医の先生もビックリ。

出雲大社、大国主命（おおくにぬしのみこと）の大神様は、ご縁結び以外にも、現状で悪いことを終わらせる、という強いパワーと薬の神さまでもあります（それ以外にも多くのご神徳をお持ちです）。いまの私の身体は、この御加護をいただいたものだと確信しています。そして、今年２０１９年5月、再び出雲大社へ病気平癒のお礼参拝に行ってきました。日々、生かされていることに感謝申し上げます。

何事も、望む未来を決めて行動することがとても大切だと思います。行動することで、必ず自分の望む結果がついてきます。

自分自身を大切にして幸せになる。そして、ほかの人を幸せにすること。それこそが私の使命!!

最後までお読みいただき、本当にありがとうございました。感謝♡

【事業内容】
◆開運コンサルタント
1. 経営者の問題解決セッション
・人・物・お金・女性問題などのお悩み、問題解決に特化したコンサルタント
・支店長10年の経験を生かした銀行との上手な付き合い方コーディネート（資金調達など）
・銀行取引相性診断
2. セッション期間
①期間　6回コース／②期間 12回コース／③単発1回コース
3. 経営者継続サポート

◆健康経営優良法人認定取得サポート（経済産業省推奨施策）

◆個人鑑定（対面鑑定）
・手相、東洋占星術、西洋占星術、方位、家相、オフィス鑑定ほか

◆セミナー講師
（セミナー内容）願いが叶う引き寄せノート術、九星気学、方位学、恋愛・結婚引き寄せ、神社参拝活用、金運引き寄せ　など

＊セッション、個人鑑定（対面鑑定）、セミナーのご依頼は、ご希望の場所まで出張いたします。
＊各種ご依頼、お問い合わせは、下記メールアドレスまでお願いします。
メルアド: boat215awn@gmail.com
その他、FBは野村英生（のむら　えいき）で検索

野村英生 （のむら・えいき）

Timone開運コンサルタント　代表
開運マスター
経営者の問題（人・物・お金・女性問題など）解決に特化した開運コンサルタント
九星気学風水師、占い師

名古屋市出身。現在愛知県春日井市在住

1980年4月	大学卒業後、愛知県瀬戸市に本店を置く瀬戸信用金庫入庫
2003年6月	支店長拝命、以後約10年5店舗で支店長職に従事 その間、5店舗すべてで優績店舗表彰を受ける
2013年10月	出向（自動車部品製造会社経理部長職）
2014年6月	ガン発症。同年8月手術
2016年5月	瀬戸信用金庫定年退職。ガン治療に専念
2017年3月	ガン再発、再手術。現在も治療中

【ガンとの闘病生活で思ったこと】

それは、サラリーマン時代に定年退職したらやりたかった自分の夢を叶えたい、ということ。

その夢を叶えるためには、どうしたらいいか？

そこで、知人の紹介で出会った丸井章夫先生のもとで、開運マスター養成講座、プロ手相家養成講座を卒業。その後、セミナー講師・占い師鑑定を始める。


【ガンになって気づいたこと】

ガンになっていなかったら、師匠である丸井章夫先生と出会っていなかった。

ガンになっていなかったら、定年退職後にやりたかった夢を叶えられなかった。

ガンのおかげで、丸井章夫先生と出会い多くの事を学び、多くの方々と素晴らしいご縁をいただくことができ、いまの自分が存在する。

そして、ガンのおかげで自分の運気を上げ、ガンと向き合い、ともに共存している。

仕事の合間をみては、大好きな趣味のバス釣り、畑で野菜作り、神社参拝をエンジョイ。

毎日をワクワク、明るく、笑顔で日々生かされていることに感謝している。


現在は、支店長10年の経験を生かして、経営者の問題、とくに人・物・お金・女性問題等解決に特化したコンサルタント、銀行との上手な付き合い方コーディネート、銀行相性診断を中心に、経営者の運気を上げながら問題やお悩みを解決。みなさんの未来を安心・向上へと導く開運コンサルタントとして活躍中。

人生のレッスン
～接客とスピリチュアル～

上島麻理恵

―― **丸井章夫先生より**

上島さんは「接客のプロ」。長年、接客畑で活躍されてきたキャリアウーマンです。女性らしい細やかな感性と実行力で、周囲に強い影響を与え続けています。今後はよりよい接客を伝えるための講座などを開催していく予定とのこと。素晴らしいですね。長年、私の鑑定にお越しいただいているお客様でもあります。

２０２０年は東京オリンピックの年ですね。

世界中から、さまざまな人が日本へいらっしゃいます。いろいろな問題はありますが、とても楽しみです。

以前、私は百貨店の受付をしておりました。立地が駅の中にあったため、百貨店へのご用事の方だけではなく、多くのお客様が来店されました。名古屋駅のことを地元では名駅と呼びます。それを揶揄して、迷う駅＝「迷駅」なんて言われるほど、名古屋駅は複雑です。地元に住んでいる私でも迷ってしまうくらいで、昨日までお洋服屋さんだった場所が薬局になっていたりして、そこは巨大迷路さながらです。そして、ＪＲ、名鉄、地下鉄、あおなみ線、市バス、高速バス、名鉄バスすべての交通網が各所に散らばっています。

初めて名古屋を訪れた方は、駅の中心に開かれている百貨店内の大きな総合案内所へ助けを求めていらっしゃいます。「名古屋城へはどうやって行くの？」「地下鉄の乗り場はどこ？」「映画館はどこにあるの？」

総合案内所では、さまざまなご要望に対応できるよう、資料を用意し、観光情報などをお求めのお客様には、お近くの「観光案内所」をご案内しています。「お・も・て・な・し」日本のサービスや文化、マナーが、世界中の方々に、素晴らしいともてはやされ、感動のニュースとして語られていて誇らしい気持ちになります。それは、国内だけではなく、サッカーW杯での日本サポーターの方々のゴミ拾いのニュースも記憶に新しいですね。

《よいサービスができるのは、素敵なお客様のおかげ様》

「あなたに案内してもらえてよかった。いいものが購入できたわ」

「あなたに聞いてもらえてよかった。悲しい気持ちが晴れたわ。また来るわね」

お客様からそのようなお言葉を頂戴できるのは、サービスマンとして至上の喜びです。

そして、そんな喜びを感じさせてくださったお客様に、「お客様が愛あふれる心の開き方をしてくださる素敵な方だからこそ、私自身も、その思いに呼応して、お客様のお役に立てるよう動くことができました。ありがとうございます」と心の中で思い、またはお声かけもし、お見送りをしました。よく言われる「鏡の法則」ですね。

よいサービスは一人では成し得ないのです。どんなテクニックを使ったところで、お客様自身のコンディション、私自身のコンディションがベストでなければ、心通わせる出会い、サービスにはならないのです。

私も、初めからこのように心通わせる交流ができていたわけではありません。

私は、短大卒業後、市内ホテルの宴会営業課へ配属され、厳しい先輩に甘ったれた根性を叩き直されるも1年で退職。その後、中小企業の総務部、代表受付では仕事の楽しさを教えてもらい、日本料理店では、初めて着物を自分で着られるよう教えていただき、日本の四季、二十四節気に合わせた食材や行事を知り、器の焼き窯見学など得難い経験をし、その後料亭へ入寮し、素晴らしい庭とお部屋、お茶、お花を教えていただきました。

転職に次ぐ転職。満たされない。もっと自分に合う場所があるのでは？　天職に出会いたい。接客が好き。人と出会いたい。でも、お休みも欲しい。すべてを楽しみたい！

「あなたはすべてを持っているのに、自分がどれだけ幸せなのか知らなすぎる」そんなことを言われたこともありました。当時の私にはピンと来ず、何を言っているのかしら？

私は何も持っていない。これから探していくところなのに。

30代は結婚、出産、離婚と怒涛の日々を乗り越え、いまがあります。

息子は元夫が育ててくださっていましたが、離婚の何年後かに新たな家族と出会い、いまでは妹や弟がいるお兄ちゃんだそうです。元夫のお母様やお父様がメールに乗せて写真や息子のいまを教えてくださいます。

離婚当時は、自分で決断したにもかかわらず、夜、のたうち回るような苦痛に襲われ、泣いてばかりおりました。

せっかく授けていただいた息子を育てる選択をせず、私の両親や家族からも引き離すことになり、なんという罪深い人間なんだろう。

息子に会いたい。苦しい。悲しい。もういっそ、死んでしまおうか。

それは、甘い誘惑。死んでしまえば息子も諦めがつくであろうし、生きているから会いたいと思うし、なんでお母さんは僕と離れて生きることを選んだの？　そんな大きな傷を負わせずにすむんじゃないか。自分は罪深い存在だ。

私は救いを求めて、あらゆるカウンセリング、本を読みあさり、そのときに初めて「スピリチュアル」という言葉と出会いました。

幼いころから不思議なお話が大好きで、霊感の強い母の影響で、目に見えない存在、天使や精霊、妖精や妖怪、宇宙人はいると信じていました。月刊『ムー』を愛読し、ムー大陸は本当にあったんだと密かにワクワクしておりました。が、いつしか興味も薄れておりました。

「いまの悩みは過去世のつながりかもしれません」

そんな言葉に惹かれ、申し込みをしました。自分の現状を綴り、それに対しての回答を読んだとき、頭で理解するというよりも、自分の中の奥深くが納得したというか、これが腑に落ちるということなのかといったような、不思議な感覚に囚われました。

過去世は、一人の人間に何百とあるそうなんですね。その中でも、いま抱えている問題につながるものをチャネリングしてくださいました。

私は、中世ヨーロッパの教会で会計事務をしていたそうです。元夫は信者で、息子はそれを見守ってくれている天使。私は真面目にコツコツ仕事をし、満足して死を迎えたそうですが、そのときに「あー、思い残すことなく仕事したなぁ。満足だ！　次はもっといろんな人に出会って楽しんで生きていきたいなぁ」と思ったそうです。

息子が今後、自信を持って愛情いっぱいの人生になるようにサポートしたい、という思いには、こう言われました。

「いちばん必要なことは、自分自身が幸せになることです。その幸せのエネルギーは、自然にお子様に流れます。自分を責めることは、お子様を責めることになる。一切の罪の意識を背負わずに、私は幸せ、ありがとうと思うこと。そうすればあなたのお子様も、よかった、それなら私も幸せです、ありがとうございます、と思います。なぜならあなたのお子様は、あなたを見守ってるエンジェルだからです。サポートしようとしなくていいのです。むしろサポートされているのですから」

この言葉にどれだけ救われたことか。

ありがとう、息子ちゃん。私は幸せだよ。幸せになるね。

あと、「心配」というのは負のエネルギーだから、心配している相手に負のエネルギーを送ってるのと同じだということも教えてもらいました。

「一切の罪の意識を背負わずに」というのはとても難しいけれど、両親や家族に笑って会えるようになりました。私が悲しんでいると、息子が悲しむというなら、自分の両親、家族も同じだと気がついたのです。

新たな道を進む力が湧いてきました。幸せになろう！　と決めました。

まずは、人生のパートナーと出会って結婚をするから、ひとり暮らしの準備品はすべて整っているところがいいな。そう思い、冷蔵庫、ベッド、洗濯機、テレビ、ひととおりそろっているマンションへ契約に行きました。

1年半後に更新契約。そのころには、新たな結婚相手と出会ってハッピーウエディング引越しするぞ！

2013年5月入居。そして、見事その1年半後、2014年11月には、いまのダンナ様とともにお引越しができたのでした。

あのときの心持ちとしては、「更新前に結婚したいな。でも、結婚できなかったら更新すればいいんだから、焦らなくてもいいでしょう」という緩やかな想いでした。

婚活と称しての仲間たちとの飲み会や、バーベキュー、数々の酒のうえでの失敗も、いまではいい思い出です。

婚活パーティーにもたくさん行きました。友人知人には、「結婚したいの。誰かいい人がいたら紹介してね！」と、会うたびにお願いしていました。また、職場が20代〜30代前半の若い美しい方ばかりだったので、同じように若い気持ちになって、自分の年齢のことで焦ることも少なかったのかもしれません。深く考えず、楽しいワクワクしたイメージのまま、心身ともに明るい波動でいられたからなんだろうなぁと思います。

私がいま元気で生きていられるのは、百貨店の受付として働かせていただいた、あの日々のおかげです。素晴らしい仲間に出会うことができました。先輩方には厳しくも温かいご指導賜り、自分自身も後輩さんたちに、ここで働く喜びを少しでも伝えることができたかな。

お客様や社内の方々と心から交流をすることで、想像以上の仕事ができることを。

あるとき、閉店準備中のことです。男性がボソボソと、いまの政治は、戦争は……などとつぶやいて近づいてきました。私は、お店も閉まるし、店内へは入れないことを伝えるも、同じように戦争は……など話し始め、とっさに「警察を呼びますよ！」と言ったところ、男性の態度が豹変し、店内に響き渡るほどの大声で叫び始めたのです。

「40女のババアがそんな制服着ていい気になりやがって！　何が警察だ！　お前はそんなに偉いのか？　俺が何をしたって言うんだ。警察呼んでみろ！　※◇○□※！」

あまりに汚い言葉で、何を言われたのかも正直わかりませんでした。すぐに店内警備の方が飛んできてくださり、また、近くの売り場のマネージャーさんも前に割って入ってくださり、必死にお詫びの言葉を連呼されました。そんな中、私の心に浮かんでいたのは「なんで私が謝らなきゃいけないの？　こんな頭のおかしい人間に突然暴言吐かれて、本当に警察呼んでほしい。訴えたい！　悔しい！」という思いばかり。でも、警備の方や、マネージャーさんが必死に守ってくださって、何も悪くないのにお詫びを連呼してくださっている様子を見て、涙が出そうになりました。この暴言ジジイ(失礼)のためじゃない。警備員さんと、マネージャーさんのためにお詫びをするんだ、と自分に言い聞かせ、「申し訳ありませんでした」と頭を下げました。すると「そうしてくれればいいんだわ。警察呼んだの？　来ちゃう？」と男性の態度がころっと変わり、すかさずマネージャーさんと警備員さんがその方に付き添って外へ出ていかれました。

事が終わってから、安心したのか、全身に震えが走り、その日はどのように帰ったのか記憶にありません。次の日、家を出ようとすると、身体が固まり、動悸が激しくなりました。「40女のババアが……」頭の中で何度も繰り返します。激しい怒声が蘇り、受付に立つ自信が1ミリもなくなった瞬間でした。

会社へはしばらく休みたい旨伝え、何日か休ませていただき、このまま辞めようか。そうだ、こんなオバさんが受付にいつまでも居続けるなんて迷惑なんだ。

自暴自棄になり、退職届けを出そうと思っていたときに、受付の監督者であるマネージャーさんより、「仕事しなくていいからさ、ちょっと出ておいでよ。お話しようよ」と連絡が入りました。ちょうどお話もしなくてはいけないし、と意を決して参りました。

マネージャーさんは、私の思いをしっかり聞いてくださり、そのうえでこんな言葉をかけてくださいました。

「私はね、百貨店の受付は、若い子がいいとは思っていないの。だって、年数を重ねれば重ねた分だけ、知識もお客様への寄り添うスキルも上がっていくでしょう？　どんどんよくなっていく。オバサンがなんなの。言わせておけばいいのよ。誰もあなたを傷つけることはできないのよ。笑って聞き流しておけばいいの。今回はひどい怒声で本当に恐ろしかったと思う。そんななか、酷なことを言うようだけど、私はね、あなたに、みんなのお姉さん、お母さん的存在として、頑張ってほしいな。あなたならできると思うのよ」

なんてありがたいお言葉。私は、いてもいいんですね！

この年齢でここの場所にいる意味、価値を見せてくださいました。

20代、30代の方たちが「上島さんがいるからまだ大丈夫！」と思えるように、年齢のことで同じように悩むことがないように、そんな存在になれたらどんなにかいいだろう。

当時の私は、自分でも「もうすぐ40歳になるな。いつまでこの制服を着て働いていていいんだろう」といったような、オバサンと思われたくないという思いで不安になっていたことが、こんな現実を引き寄せたのかしら、と分析しました。

そして、どうしたらよかったのかな？　と考えると、何も言わず静かにその場から離れるなどすればよかったなと。わざわざ強い言葉で「警察を呼ぶ」なんて、最悪な応対であったなぁと、いまならわかります。傲慢で横柄な態度でした。「警察を呼ぶ」ということは、イコール「あなたは不審者ですね！」と言っているようなものですものね。

「愛ある言葉と行動のみをする。愛ある言葉と行動のみを受け取る」

チャネリングしてくださった方のお言葉です。

私は、これをやっていこう！　つねに意識していこう！

後輩にも、先輩にも、上司にも、お客様はもちろんのこと、すれ違う方、一人ひとり。

出会う人すべてに対して。自然、動物、物にも！

愛をもって接すると、そのまま返ってくる愛いっぱいのエネルギー。

それは笑顔だったり、優しい言葉だったり。

じつは後日、その怒声オジサマは受付に来店され、お手洗いの場所を聞いていかれました。

ちょっと気まずそうな、申し訳なさそうなお顔。

そのオジサマも、あんなことしたくなかったんだろうなぁ。いまならわかります。怒声し始めて引っ込みがつかなくなってしまったんだろうな。大の大人の男の人をそこまで怒らせ、傷つけた私の至らなさ。本当にごめんなさい。過去のあのシーンに戻って、深々と心からお詫びをしました。大きな気づきをくださったお礼も。

過去が癒されると、いまの自分にも温かいエネルギーが流れるんだそうです。

「ごめんなさい」「ありがとう」「許してください」「許します」

愛ある言葉は必然的に美しい言葉になります。

「ありがとうございます」

これは最強の言霊です。

誰もが笑顔で元気になるエネルギーに満ちています。

百貨店では、お客様へはもちろんのこと、仕事仲間にも事あるごとに伝えあっていました。受付スタッフは、チームで仕事をします。館内のあらゆる商品を覚え、的確にお客様へご案内をすることが基本です。

それ以外にも、館内を安全に利用いただくため、エレベーターの添乗もします。ベビーカーや車椅子の方、エレベーターでしか移動できない方々のため、エレベーターの中で乗降のお手伝いをします。そのときに、どうしても、どなたかにお譲りいただけないかお願いをする場面も出てきます。受付スタッフが、いちばん心を痛める瞬間です。遠くから来店され、お疲れになってる方がいらっしゃるかもしれない。外見からは見えないそれぞれのお客様のご事情を考えると、なかなか「譲っていただけますか？」とも言い難いのが現状です。が、そこは思い切って呼びかけ、お願いをします。この一瞬を逃すと、ベビーカーや車椅子のお客様は10分、20分とお待ちいただくことになってしまうのです。ほとんどのお客様が快く譲ってくださいます。が、せっかく譲ってくださる方がいても、ベビーカーのお客様が「いいです」と遠慮されてしまったりすると譲ってくださった方が、え？ じゃあ私乗っていてもいいの？ と困惑したり、なんていうシーンもあります。

ベビーカーの方に安心して乗っていただくためには、罪悪感を持たせないようにすること。いまや、ニュースにもなってしまう「ベビーカー問題」。お母様、お父様方はとてもナーバスになってらっしゃいます。譲る側、譲られる側、また、そのままご一緒に乗られている方、すべての方に気持ちよくいていただくためには心の底からの愛いっぱいの言葉を投げかけます。

「ベビーカーのお客様は、エレベーターでのみご移動いただけます。エスカレーターへの乗り換え可能なお客様はいらっしゃいますでしょうか？ お乗り合わせのご協力いただきありがとうございます！」

これはほんの一例です。今日も、受付スタッフは、百貨店にいらっしゃるすべてのお客様に楽しんでいただくため、勉強をし、愛いっぱいで心配りをしております。

《素晴らしいサービスマンになるには、素晴らしいお客様になること》

受け取ってくださる方がいらっしゃるから、サービスする側が活きるのです。

とくに日本では、謙虚が美徳とされ、自分を卑下したりすることで、周りを持ち上げ気持ちよくする慣習があると感じます。

かくいう私もその一人です。自分のことを「ババア」なんて言って卑下しておりました。だから、「ババア」って怒鳴られてしまったんですね！

どこかで、自分のことを茶化して道化を演じてしまう。周りが明るく楽しくなっているのが好きで、度を越してしまうんですね。

20代のころに、勤めていた日本料理店の料理長さんより、「いいサービスがしたいのなら、自分もいいお客様になる必要がある」と言われ、さまざまなお店に連れていっていただきました。小料理屋さん、クラブ、レストランでの美味しい料理も然ることながら、接客の素晴らしさ。お料理を提供するタイミング、下げるタイミング。器の扱い方。たたずまい……。スタッフさんの振る舞いも勉強になりましたが、その料理長の振る舞い。常連だからこそ、大人しく。このお店が居心地いいものとなるために、静かに楽しむ様子に感銘を受けました。初めて訪れるお客様が、遠慮なく楽しんで、そのお店のファンになってくれたら、それが何よりうれしい。まるで、そのお店のスタッフのようでした。それは愛あふれる思いやりの心でした。

また、当時、自分のことを「あっし」というのが仲間内で流行っており、「あっしも……」と話し始めたら、「なんだそれは？　女の子がそんな言葉遣いをするんじゃない。プライベートと分けているつもりでも、出るもんだぞ」と叱られ、即やめました。

美しい話し方が書かれた本を読み、純文学の主人公の言葉遣い、昔の映画の女優さんの話し方を真似したりして、勉強し実践しました。

そのように、自分がお客様の立場を意識して感じていくと、自分がサービスする側だったらお客様にどうあってほしいかな？　思いっきり楽しんでほしい。そのためには、何が必要かしら？　この方には？　この方の場合は？　このタイミングでの声かけがうれしいな。おしぼりもここに置くと便利だな。いまの言葉遣い、素敵だな。すべての出会った方々が先生でした。

20代で培ったモノが、35歳、受付でのお仕事で開花しました。毎日毎日が楽しくて。日々１００人を超えるお客様と出会い、心尽くしの応対に喜んでいただき、「ありがとう」と笑顔で返される。

なんて素晴らしいお仕事なんだろう。お給料をいただきながら、人に感謝し、感謝されるなんて！　10歳以上年下の可愛らしい方々が一生懸命教えてくださる環境もありがたく、できなかったこと、間違えたことがひとつずつできるようになっていく喜び。

百貨店のアナウンスも、プロの先生より教えを請い、生放送をさせていただくことができました。お体の不自由なお客様のお買い物のお手伝いをさせていただき、車椅子の使い方、手話などもできるようになりました。すべてが得難い体験ばかりです。

おばあちゃんになるまで、受付のヌシでいたい！　と思っておりましたが、あるときから、「あと何年、自分の身体で自由に行動できるだろう。思いっきりお仕事できるだろう」という思いが生まれてきました。

この、大きな百貨店の中で、日々多くの方と触れ合っていくこともやり甲斐があるけれども、自分が住まわせてもらってる地元、地域を盛り上げるような、貢献できるようなことがしたい！　熱田神宮の森に包まれて、家族みんな幸せに生きてこられているのだから、何か恩返しとなることがしたい！

そんな思いでいたところ、友人より「新規事業の立ち上げをするのだけど、場所も近くだよね？　一緒にどう？」とお誘いを受けました。

役員の方と一緒に仲間として立ち上げること。ワクワクしました。日々楽しく暮らしている人々の心のオアシスになるようなお店を作り上げたいな。

オープンまでの間、すべてが初めての連続。わからないことだらけ。試行錯誤し、苦しい思いもしながら、無事開店を迎え、多くのお客様に来ていただき「美味しい」とお褒めもいただきました。

が、それまで接客しかしてこなかった私。厨房作業がままならず、でもできないと言えない。火傷や失敗が続き、とうとう病んでしまいました。

ある朝起きると、天井がぐるぐる。めまいと耳鳴りのなか、吐き気がひどくて立ち上がれません。ＣＴスキャンも異常なし。めまいの症状が出ているから、とお薬を処方され、次の日も同じ症状が出て、心療内科へ。「適応障害、１カ月休職」と診断されました。

オープンしてこれからなのに！ なんで身体が、心がこんなことに！

つらい、悲しい、自分はダメ人間だ。

職場へ引き継ぎをしに行くと、役員の方から「全部任せてしまっていてごめんね」と涙ながらに謝られ、「違うんです。私ができなかったから。私自身の責任なんです。弱くて申し訳ございません」とこたえました。

休職するも、復職するまで回復せず、退職をすることになりました。

「オープン前から一緒に頑張ってきた仲間だから、本当に残念です。でも身体がいちばん大事だから、大切にしてね。いままでありがとう」

最後の挨拶で役員の方にそんなお言葉をいただき、ますます自分が情けなく感じました。

私を誘ってくださった友人からも、「支えになれず、ごめんね。一人であんな量の仕事を抱えていたんだね。ゆっくり休んでね」と優しい言葉を受け、ホッとすると同時に、自分が自分を追い詰めてしまう原因と向き合いたい、という気持ちでいっぱいになりました。

百貨店のときの怒声オジサマ事件とはまた違えども、仕事ができなくなってしまうのはなんでだろう。ストレスやプレッシャーと上手に付き合っている方々、成功者の方々と自分はどこが違うんだろう？

《いま・ここ・あるがまま》

いままでの人生を振り返ると、自分の本当の気持ちに蓋をして、突っ走って心身共に疲弊してしまうことばかりでした。

ネガティブな言葉や行動をしてはいけない。引き寄せてしまうから。

少しでも弱音が浮かんでくると、「悲劇のヒロイン」になりたがっているんだわ。そんなネガティブ意識は無視して、ポジティブに変換していこう。がむしゃらに働いて、一生懸命、努力し続けたら、きっといつか、なりたい自分になれるはず……。

成功者の方々の自己啓発本や、ＹｏｕＴｕｂｅ、ＳＮＳなど、成功へのきっかけの断片を頼りにしてきました。が、一向にイメージした自分にはたどり着けません。それどころか、心身共に疲弊しきってしまっている。これは、どういうわけだろう。まずは、自分自身の心の中でモヤモヤしているものがなんなのか。

私たちは、生まれてくる前は、「ポジティブ」のみが広がる高次元の存在だったそうなんです。この地球に「遊学」遊びに来ている、明るくて温かい可愛い魂。肉体という重いものを背負って、喜怒哀楽を味わうために、わざわざ自分で選んでやってきたんですって！

なので、友人と喧嘩して悲しい気持ちになることも、仲直りしてうれしい気持ちになることも、仕事で失敗して恥ずかしいと感じることも、賞レースにおいて選ばれなくて悔しい思いをすることも、自分で選んで、今世では、この感情を味わって幸せになると決めてきているそうなのです。

そうやって考えると、一気に楽になりました。なぁんだ。なになに？

イメージしただけでは実現しない、「行動の星」地球で「ネガティブ」がどんなものなのか体験に来たの？　じゃあ、思い切り楽しんで味わい尽くさなくちゃ、思いは果たされないで何度も繰り返してしまうのではないの？　自分が不甲斐ないからじゃない。自分自身がその環境を体験したくて自分で選んできたのだとしたら。

そうだったんだ！　だから、その環境から逃げてしまったり、自分の感情に蓋をして、本当の想いを知らないフリをしたりしていると、また同じようなことが繰り返し起きてくる。心に振り回され、人の目を気にして、本当にやりたいことがなんなのかわからなくなってしまう。

一人ひとり、自分が本当にやりたいこと、「使命」「天職」を忘れ、世間一般の常識のもとに、自分の人生を生きていくことがいいことなんだと。

両親や身近な友人に言われてなんの疑いもせず、それで幸せな気持ちで生きていけている方は、きっとこの本を手に取られていないと思うんですよね。

少しでも何かが違うと感じている方が、いま、私と同じようにいろんな情報の中から、本物を選び取りたいと願っている。もうまやかしでは幸せになれないと、魂の根っこの部分が叫んでいるんじゃないでしょうか？

自分を苦しめるのはなんなのか。

いま、自由に動けないのは、過去の記憶、失敗と感じていること。

未来を夢見たとき、どうせそんな未来は来ないと感じるいじけた気持ち？

私もいま、チャレンジの途中なんです。


現在、さまざまな能力者の方が、自分を大切にする方法「目覚める」方法を発表してくださっています。

どれが正解か？

それは、自分にしっくりくるやり方を選ぶのがいいと思います。

「適応障害」となり、いろんな方にカウンセリングをしていただいて感じたのは、答えはもともと自分の中にある、ということでした。

結果、すべての方に救われました。本、ブログ、ＹｏｕＴｕｂｅで愛いっぱいでシェアしてくださっている方々の声にも。

ライトワーカーと言われる方々が、日本を、世界を愛で満たす活動をされているのを知りました。そして、その誰もが、言葉や表現は違えど、同じことを伝えてくださっていました。

①自分の魂を浄化し、手放すこと（無価値観、罪悪感を手放す）
②空っぽになったスペースができた自分に明るい愛のエネルギーを注ぐこと
③いまを生きる（過去にくよくよしたり、未来に不安を抱かない）
④愛で満たされた自分になったら、初めて周りにシェアできるようになること（批判・ジャッジをしない）
⑤愛で満たされた自分が願うことはすべて叶うこと（イメージし行動する）
⑥頑張ってやらなくてもできることが、使命や天職である可能性が高いこと（頑張らない力を入れないリラックスが基本）
⑦すべての人、物に愛をもって接する（名前をつけて可愛がる。我が家は、ベンジャミ

ンのべんちゃん。ニスモ車のニスゴロウなどなど）

私は、完全に順番を間違えておりましたね。

欲しい欲しいゾンビみたいに欲しがって、自分の中に、いるものも、いらないものもパンパンで、何かが入る余地はなかったんです。

愛のエネルギーがないのに、誰かのためとカッコつけて見栄張って、自分を犠牲にして仕事をしてしまっていたのです。

私は①から始めました。瞑想や、ヨガ、エネルギーワーク、さまざまな方法がありますから、いま、自分の魂にしっくりくるものを選んでください。

基準としては、いいエネルギーは明るくて軽いものです。

その方が話している肉声なども聞けたらなおよいですが、胸がザワザワして嫌な感じを受けるものはやめたほうがよいようです。じとっとした湿気を感じるような人もノーサンキューしましょう。

どうか、本当の自分の魂の望みに気がついてあげてください。そして、家族（ダンナさんとそのご家族、マイファミリー、息子ちゃん家族もね）、友人、地域の方々、日本の方々、世界の、宇宙のすべての存在と愛あるコミュニケーションをとり、幸せの日々を過ごせるように。

いま持ちうるすべての力を心地よく発揮して、幸せなエネルギーでたっぷりなみなさんと（いまはそう見えなくても、感じられなくても、すべての方が１００％力を持ちうる素晴らしい存在です）楽しいいまを感じて生きていきたいなぁと思うんです。

現在、私は、自分の経験を活かし、接客業の方への接客相談サービスを行っております。人と関わることが大好きなのに、うまくいかないと感じていたり、仕事はやりがいがあるけれど、仕事仲間と衝突したりしてしまう。または、自分が我慢していれば丸く収まるから、と遠慮されている方が心から人生を楽しめるようになるためのお手伝いをしています。

自分が幸せになることが、世界平和につながると、私は教えていただきました。本来の自分とつながって、嘘のない自分と一致すること。人の目を気にせず、本当に自分のやりたいことをすること。そうすることで、周りの人、家族や仕事仲間、すれ違うだけの人にさえも、幸せのエネルギーを与えられる人になれること。

ワクワクしませんか？

ぜひ、その一歩を共に踏み出しましょう。

離れていても、すべてはつながっています。

あなたの勇気ある一歩を私はいつでも応援し、祝福しております。

愛と感謝を込めて。お読みいただきありがとうございました。

上島麻理恵（うえしま・まりえ）

1978年生まれ。愛知県安城市出身。名古屋市在住。名古屋明徳短期大学英語科卒。

中学校英語・教育実習、キャンプカウンセラー経験。


幼少期より、好奇心旺盛で、老若男女問わずお話を聞くのが好き。

人が喜ぶ姿が大好きで、誰とでもすぐに仲良くなってしまう。

いまでも外で道を聞かれたり、お店で商品を聞かれたり、話しかけられやすい。

その反面、人と同じことをするのが苦痛で、一時不登校にもなる。

「普通」であるということが理解できず、苦しみ、自分の思いを大切にすることと、人に合わせることの両立の辛さを味わった。

また、人を大切にし、正義感の強い父母のもと、神仏を大切にし、日々このように幸せであるのはご先祖様のおかげといったいわゆる「おばあちゃんの知恵袋」のような教えのなかで育ち、この世の中には目に見えること以外に多くの素晴らしいものが存在していることを肌身に感じ、自然あふれる安城市で、大いに遊んだ経験がいまの自分の核であると感じる。


名古屋市内老舗ホテルや料亭、友人が経営するクラブ、百貨店受付など、18歳より接客業に従事しアルバイトを含めると合計20年間、さまざまな業界で、さまざまな方々と出会い、多くのことを教えていただき、「コミュニケーション力」は、仕事、プライベート問わず、生きていくうえでいちばん大切なツールであり、人と相対していくことこそが私の「天職」であると実感。

その間に、出産、結婚、離婚、息子との離別、怒涛の日々があり、人生どん底と感じる日々も経験。丸井章夫先生の「鑑定」「アストロ風水」「ノート活用術」により、イメージどおりの理想のダンナ様と再婚。

現在は、「自分史上最高の第一印象を手に入れる」という講座のもと、お一人お一人にオーダーメイドのレッスンを展開。

お客様一人ひとりが自分軸を大切にし、学び取ってくださったことをどんどん活用、シェアしていただき、ご家族や、お仲間、地域の方々、日本、世界、宇宙と幸せの循環をすることを最大目的とし、活動中。

ブログ　https://ameblo.jp/forflower/

ハッピーボディライフの5つのコツ

龍宮寺マッキー

── 丸井章夫先生より

龍宮寺さんは長年、私の鑑定にお越しいただいているお客様で、枠にとらわれないさまざまな活動をされていらっしゃいます。また行動力が抜群で、最近、注目を浴びているアドレスホッパーのように、住む場所にもとらわれず、短期間で住まいも変えています。才能豊かな女性で、近年は過去に学ばれたことの集大成として多くの方々に自身の学ばれてきたものを伝えたいという強い意志から、今回の執筆になりました。

私は年を重ねるごとに健康で元気になっています。年齢を聞かれると『肉体年齢20歳』とにっこり笑って答えることにしています。

私の実年齢を知ったときのみなさんの驚く様子を見るのを、私も毎回楽しんでいます。

河口湖の湖畔のコテージに1カ月滞在していたときは、走って河口湖一周を毎日の日課にしていました。日本の島を自転車で1周したり、日本や世界中のパワースポットを1日で50キロ走破したりなど、いろいろなチャレンジを楽しんでいます。

「もう年だから……」という言葉は、私の辞書にはありません。

年齢に関係なく自由自在に動く体と、20歳のころと変わらない体力、気力があるからです。

日本、世界中のパワースポットを巡り、さまざまな人や文化に触れた体験から、私のモットーは「住所は地球、家族は世界全員」。

いまは相棒の赤のフェラーリで日本、世界を走り回り、不老長寿のテーマパークを沖縄とハワイに作る夢があります。

こんな私ですが、以前はまったくの別人。子供のころは病弱で病院通い、薬漬けの毎日。小児ぜんそくで苦しみ、肺炎で入院。咳が止まらず、発作で苦しくて涙が止まらないときには（このまま死んでしまうのではないか？）と、いつも死の恐怖に怯えた子供時代を過ごしました。

大人になってからは大ケガでギプス、松葉杖生活を経験しました。医者から全治1カ月と診断されましたが、自分の知識と経験を活かし、筋トレとイメトレ、マインドセットで2週間でもとの状態以上に戻し、医者が驚いていました。

アレルギーにも長年苦しみましたが、ピラティスと出会ってから完治。体の不具合から完全に解放されました。病気やケガ、アレルギーで苦しんだからこそ、健康のありがたみが骨身に沁みています。

死に対する怖れを知っているからこそ、生きることに貪欲になったのです。

子供のころから世界の不老長寿や健康法を研究し続ける健康オタクになり、怪しげな健康法や魔術、魔法なども自分の体で生体実験を繰り返す日々。かなりの変人だと、自信を持って言えます（笑）。

病気やケガの経験から自分の体との付き合い方を自然に体得し、自力で克服することができました。自分の人生で学んだ知識や経験をもとに、健康美容スピリチュアルコーチとして体心魂の三位一体のトータルケアで、23年間で20万人の方の健康に貢献してきました。

日本は世界で有数の長寿国。時代はまさに人生１００年時代です。

人生をより豊かに楽しむために私がみなさんに提案したいのが、『幸せな肉体年齢20歳』。

私の定義する『幸せな肉体年齢20歳』とは、「老けない」「太らない」「不具合のない」の３つです。20歳のころの体形、体力、気力を維持して毎日楽しく過ごしていきたい。

そのために必要なコツは、５つあります。

それは、「自分を知る」「自分の体と対話する」「衣食住」「運動」「エネルギーチャージ」

この５つのことを知り、実践するだけ。

とっても簡単に楽しくおうちケア、自力で『幸せな肉体年齢20歳』を私と一緒に手に入れませんか？

『幸せな肉体年齢20歳』を手に入れ、毎日をワクワク楽しく生きる人生、私と一緒にハッピーボディライフの旅に出発しましょう！

《第1のコツ　自分を知る》

『幸せな肉体年齢20歳』を手に入れる第1のコツは、ズバリ自分を知ることです。

現代は情報化社会。大量の情報と物質があふれています。メディアに洗脳され、それに振り回されています。

さまざまなダイエット本やダイエット、健康法が次々と出ています。

『○○ダイエット』『○○を飲むだけで健康になる』……そのたびにバナナやココア、納豆、卵、鯖缶がスーパーから姿を消しました。試したけど変わらなかった人は、何かがいいと聞けばすぐに飛びつくダイエット難民、健康難民のまま。

人間は十人十色。誰一人として同じ人間はいません。同じことをしても合う人と合わない人がいるのです。

他人軸でなく自分軸で生きるためのポイントは、「生年月日」「生まれた時間」「生まれた場所」の3つです。そのなかでも「生年月日」は、自分の特性や資質を知るうえでいちばん重要です。帝王切開は古代中国の帝王学から。皇帝の子供の出産に関わった者は処刑されました。誕生日からすべてデータがわかってしまうからです。それほど誕生日にはその人の持っている特性や資質、人生のデータが含まれています。誕生日から自分に合う食べ物や色、運動など、さまざまなことまでわかります。それらを取り入れることで、あなたの特性や資質を活かすことができます。

さらにお勧めなのがアストロ風水です。

生年月日、生まれた時間、生まれた場所からあなたにとって幸運になりやすい場所が、日本のみならず世界中までわかります。

私はアストロ風水を日常生活の中で活用し、ワクワク楽しみながら開運しました。

あなたが必死にがんばっても自分と合わないことをやっていては結果は出ず、お金、時間と労力、エネルギーの無駄となります。自分の特性や資質を理解して自分に合うことと自分の取り扱い説明書を知ること、つまりは自分を知ることが『幸せな肉体年齢20歳』の近道なのです。

あなたの特性や資質を知るための自分取り扱い説明書は、個別に私がお伝えするサービスもあります（連絡先はプロフィール欄をご参照ください）。

《第2のコツ　自分の体と対話する》

『幸せな肉体年齢20歳』を手に入れる第2のコツは、自分の体と対話するです。

あなたは自分の体と対話していますか？

自分の体と対話すれば、病気を悪化させることもなく、痛みや不具合を悪化させることも防げます。早期発見できれば早期に対処することができ、早期回復につながるのです。

私は毎日、自分の体と対話しています。

今日は疲れたなと感じたら、早めに寝て睡眠時間を増やします。体に痛みや違和感、不具合があれば、「いつもありがとう」と自分の体に感謝を伝えながら、セルフヒーリングをします。

あなたは日本の国民全体の医療費がいくらかご存じですか？

42兆2000億！　国の一般予算の42％です！

戦前の日本にアトピー性皮膚炎やガン、生活習慣病で苦しむ人はほとんど存在していなかったのです。医者や薬に頼らず、自分で自分の体を治していたのです。

病気は医者や薬が治すのではなく、自分の免疫システムが働くことで本来の状態に戻してくれます。

もし日本国民全体の医療費が大幅に削減され、日本の未来を作る子供たちに使えたら、素敵だと思いませんか？

《第3のコツ　衣食住》

戦前の日本人は強靭な肉体と精神を持っていました。電気やガス、水道がない生活で、子供たちでも何時間もかけて歩いて学校に通うのが当たり前でした。幼い妹や弟の世話をしたり、井戸から重い水を運んだり、農作業の手伝いをしていたから、体も心も魂も健全な状態でした。その強靭な肉体と精神の秘密は、衣食住にあります。

①衣……鎖国が終わり明治時代になるまで、日本人にとって着物が普段着でした。着物の素材は麻です。現代の日本で麻は夏の服の素材と思っている方が多いかもしれませんが、麻は、夏は涼しく冬は温かい、オールシーズン使える素材なのです。明治時代以前に麻の着物を着ていた日本人の平均的な体温は37度。現代みたいに暖房器具もなく寒かったはずなのに、薄着でも驚くほど元気でした。体温が37度あると基礎代謝が高く、免疫力が高いので病気やケガになりにくく、回復が早かったのです。

麻は神社のメ縄にも使われ、邪気を払います。麻はエネルギーの高い素材です。古代の日本人は、麻の持つパワーを知り、活用していたのです。

麻のシーツを使うことや、麻の布をストールがわりに使うこともお勧めです。

私は足首を捻挫したときに麻のストールを巻いたら、痛みがあっという間になくなりました。自分の免疫力が上がると痛みや不具合の回復が早まります。

②食……戦前まで日本人は健康そのものでした。戦後アメリカから輸入された西洋式の食文化が、日本の食生活を大きく変えました。パン、牛乳、ミルク、肉が普及するにつれアトピー性皮膚炎、ガン、高血圧、生活習慣病が増えています。

農耕民族の日本人は腸が長いので、西洋式の食事で肉食は腸の中で腐敗します。日本に昔から伝わる発酵食品は、日本人の腸内環境を整えるもの。日本人に合う食事をすることが重要です。

日本人が積極的に取り入れるべきものは「①発酵食品……腸内環境を整える働き（味噌、納豆、漬け物、梅干し、お酢）」「②竹炭……腸のデトックス」「③……麻の実」です。

③住……戦後、西洋式の住宅が普及するにつれ、日本人の健康を害するようになりました。シックハウス症候群など。できる限り天然素材の家、日本式の住宅に住むことをお勧めします。それが難しいなら、「竹炭（消臭、デトックス、邪気払い）」「麻の紙、麻の布（邪気払い）」「塩」「酒」らを取り入れ、住空間を整えましょう。

換気、掃除をしっかりと行い、家の中を明るくし、エネルギーの高い状態にしておくとよいでしょう。

《第４のコツ　運動》

『幸せな肉体年齢20歳』を手に入れる第４のコツは運動です。

運動の本当の意味は、運を動かす。自分の体を使い動くことで運が開く。フィットネスクラブで適当に動いても開運はしません。

開運する運動とは？　自分を整えることです。

筋肉量が減ると基礎代謝が下がり、体温が下がり免疫力が落ちます。

筋肉量を減らさないためのお家でできる筋肉トレーニングとストレッチをご紹介します。

①四股踏み……神社の奉納相撲があるように、相撲は神事。四股を踏むと地に足がつき、重心が下がり、軸が定まります。

②拭き掃除……神社は水拭きされていて、つねにきれいな状態にあります。雑巾を絞って水拭きをすると全身運動になり、家の空間も整えることができ、開運と健康維持にぴっ

たりです。

③10秒壁体操……壁を使って筋肉を鍛えます。腿の裏を伸ばす。逆立ちをする。腕を伸ばす。つま先立ちをする、などです。

④足指体操……足指のあいだに指を入れ、足指を伸ばします。

⑤麻ストレッチ……麻のストールを使い、体をストレッチします。肩を回す。腿の裏を伸ばします。

《第5のコツ　エネルギーチャージ》

『幸せな肉体年齢20歳』を手に入れる第5のコツは、エネルギーチャージ。

おすすめは吉方位に旅行すること。

吉方位に旅行して温泉に入ったり、吉方位の開運行動をしたりすることで、観光や食事を楽しみながら開運できます。

第1のコツにも書きましたが、アストロ風水を活用して吉方位に旅行するとさらに効果的。エネルギーをたっぷりとチャージして、『幸せな肉体年齢20歳』を満喫してください。

（最後に）4月なのに雪が降っている箱根で、この原稿を書きました。箱根の龍神たちからの後押しでしょうか？　あっという間に書くことができました。

平成から令和に変わり、時代が大きく変わる節目のとき。『幸せな肉体年齢20歳』のカッコいい大人たちが人生をワクワク楽しんでいたら、素敵だと思いませんか？

そんな仲間が1人でも増えていくように今後もハッピーボディライフアドバイザーとして情報発信していきます。

あなたも今日から年齢を聞かれたら、『肉体年齢20歳！』と答えてくださいね。

龍宮寺マッキー （りゅうぐうじ・まっきー）

ハッピーボディライフアドバイザー
作家
コーチ
セミナー講師

その方のパーソナルデータに基づいた【体の取り扱い説明書】を活用し、体心魂の三位一体のトータルケアで健康美容スピリチュアルコーチとして23年間で20万人に関わる。

フィットネスインストラクター、パーソナルトレーナー、フィットネス団体のコンサルタントを経てNYにピラティス留学。

帰国後は、アスリートや経営者向けの個人指導を行う。

ゴルフ賞金女王、ゴルフ賞金王のPGAツアーに帯同し、アメリカを3カ月転戦。

ピラティストレーナーとしてテレビ4局、ラジオ番組のゲスト、雑誌にも掲載。


幼少時からスピリチュアル能力が高く、エネルギーワークやヒーリングを数多く学びエネルギーワークの指導、ヒーラーとしても活動。

子供のころは病弱で病院通い、薬漬けの日々を過ごし、死の恐怖と向き合う。

健康に対する意識が人一倍強く、『不老長寿』を研究。

全治1カ月の重症、ギプスで松葉杖生活を経験したことなどから、病気やケガを自力で回復する極意を体得。病気やケガの予防、再発防止、早期回復のサポートをしている。

子供のころから不思議な体験は数知れず。4回も死にかけるが、その直前にその映像が見え、間一髪で回避してきた超強運の持ち主。

連絡先 ryugujimacky@gmail.com

人類の進化をサポートするルキアスのエネルギー整体

吉田康子

―― 丸井章夫先生より

ルキアスエネルギーを使ったエネルギー整体で有名な吉田さんは、私の開運マスター講座の説明会にいらっしゃったことが出会いのきっかけでした。その後、開運マスター講座を熱心に受講されました。私の手相講座も卒業し、現在、上級手相家でもあります。いつも控えめで清楚な印象が強い吉田さんですが、エネルギー整体の大家です。私も吉田さんのエネルギー整体を受ける機会があり、非常に身体が楽になり、肩の高さや猫背が改善されました。

私は新宿から某私鉄で15分ほどの駅の近くで、エネルギー整体を行っています。

丸井章夫先生とはノートの神さま開運マスターの説明会の際に初めてお会いして、それ以降、先生のノート術の魅力や占いに魅了されている一人でもあります。また、手相鑑定も伝授を受けましたので、占術とエネルギー整体を行っています。

私のエネルギー整体のセッションには、たとえば小顔になりたい方、若返りたい方、猫背を矯正したい方、身体のバランスを取り戻したい方などさまざまなお客様がいらっしゃいます。そのお客様の要望を、私は長年のセッションで叶えるお手伝いをしてきました。

そのセッションの名称は、「エネルギー整体」と言います。

背中痛、股関節痛など、つらい痛みを抱えてはいらっしゃいませんか?

骨格のゆがみからの痛みの原因は、仙骨を正すと改善されます。

ルキアスのエネルギー整体は、無痛で、お体に触れないという、非常に安心な新しい時代の整体です。

私はいまではアメリカへふらり旅行に出かけたり、高野山に突如出没したりするなど、自由にあるがままに魂の声にならって素晴らしいスピリチュアル・ライフを過ごすことができています。

また、適応障害、睡眠障害が改善し、外出できるようになり、体力がつき、ペルーのクスコのような高地を歩けるまでに健康になりました。

また、人間関係や環境にも変化が起こり、絶対に謝らない人がメールで謝ってくるようになったり、スピリチュアルを学びやすい環境になったり、家の前にコンビニやバス停ができたり、絶妙なタイミングで便利な住環境に変われたり……という体験をしています。

生きづらかった数年前と比べると、とても生きやすい人生になったと思います。

じつは私自身、エネルギー整体のとりこです。エネルギー整体の前段階である仙骨改善法で、肩の高さの左右差や首の傾きが、改善できたのです!

膝の痛みが改善したり、手の両親指の根元の関節が凹んでしまうマムシ指だったのが一度のセッションで凹まなくなったりしました。

その後、左手親指の関節の鞘が炎症を起こしバネ指になったとき、セッションを受け、指が引っかかって固まり、痛みがある状態から、引っかかりや痛みがなくなった、という経験があります。

とくにバネ指のときは、もう手術しかないと思っていましたので、痛みがなくなって指が動くようになったときは、とてもうれしかったです。

でも、初めてこの体験をお読みの方は、本当に不思議に思われるに違いありません。それはそうですよね。現代の奇跡と呼んでもいいくらいの出来事なのですから……。

じつはこのエネルギー整体は、私のお師匠様の華永先生から伝授されたものです。この華永先生は、八王子に近い場所にセッションハウスをお持ちで、とっても魅力的な方なんです。

この本をお読みの方の中にはペット好きな方もいらっしゃると思いましたので、印象に残っている華永先生に行ってもらったペットの遠隔ヒーリングをご紹介したいと思います（以下、当時のブログから抜粋）。

新しく始まったペットの遠隔ヒーリングを、1月7日から、猫たろう21歳♂に、華永先生にお願いしています。

高齢ということもあり、去年の後半から痩せてきてヨボヨボが激しくなってきたので、少しでも元気に老後を過ごしてくれたらいいなと思ったのです。

ルキアスエネルギーによる、老衰改善の遠隔ヒーリングです。

彼の状態は、

1　痩せて、背骨を触ると恐竜みたいにトゲトゲしている。肩甲骨もお尻も骨が出てとがっている。手足に筋肉脂肪がなく、骨に皮が乗っているようにスジスジしている。顔は、目に力がなく、ちょっとぼうっとしたような表情で、70年くらい忘れ去られた剥製みたいな感じの顔つき。毛はハリがなくなりバサバサな感じ。耳はほとんど聞こえない。

2　両肘の関節が、変形して木のコブのようにふくれている。片足のかかと部分も関節が腫れていて、足の部分が外側に曲がっている。なので、歩くときにトボトボとゆっくり痛くないように歩いている感じ。床からソファには「よっこいしょ！」という感じに、なんとか上れる。

3　涙とよだれがすごく出る。ほぼ一日中寝ていて、口が開いてしまうのか、よだれの量がすごくソファにしみができる。外にトイレをしに行かなくなってきた。

4　食欲はなくはないが、身になってない感じ。栄養を消化吸収できないのでは？　年末から年明けにかけて、お腹部分がものすごく細くなって身体の幅が薄い猫になってしまった。

……このような状態でした。

そして、遠隔ヒーリングを始めてから、すぐに変化が見られました！

1日目。細く薄くなっていた肋骨が、少しもとに戻ってきました。

2日目。紙のように軽かった体重が、少し増えてきました。

4日目。♂のもともとの体重とまではないですが、♀くらいの体重に戻ってきました。

顔つきも、少し変わってちょっとしっかりした表情になってきたように感じました。

7日目。両後ろ足（とくに左足）が前足の2倍くらいに腫れてきました。これは、自己免疫疾患によるものらしいです。これについての波動水を飲ませ始めました。

10日目。後ろ足の太さが1・5倍くらいになってきました。以前は消化不良でカリカリ餌がそのまま出ていた糞が、ちらっと見たところ、黒い猫の糞っぽい感じになっていました。やはり、内臓の機能が衰えて、いくら餌を食べても、消化吸収できなくなっていたのだと思いました。あまりじっくり見てませんが、白っぽい糞から、黒い糞になってきていました。

17日目。歯周病か内臓系が原因かはわからないけれど、以前は口を閉じていても臭ったものが、近くに行っても口臭を感じなくなっていました。

19日目。右手の先が腫れていて肉球がふくれている。お腹がぱーんと張っている感じになっていました。

20日目。家族にも触ってもらいましたが、お腹のパンパンに腫れた感じが、朝、少しよくなっているように感じました。私たちも飼い主として、先生に頼るだけでなく、自分のできることをしていくことも必要だなと思いました。

老衰改善の遠隔ヒーリングは、すぐに見た目でわかる変化があり、本当にすごかったです。ヤセヤセでヨボヨボ、表情もぼーっとした感じだったのが、少し若いころのような顔に戻ってきましたし、体重も少し戻ってきました。現在ペットへの遠隔ヒーリングは行なっていません。

すごくないですか？

多くのみなさんが、「これはすごい！」って言ってくださった事例です。

少し事例の話が長かったので、ここでそもそもエネルギー整体ってなんなのかをお伝えしたいと思います。

２００６年２月12日、華永グランドマスターに降りてきた、あらゆる次元の宇宙・大天使を統括する、創造主直下の宇宙神のエネルギーを「ルキアス」と呼んでいます。

地球と人類を、アセンション（次元上昇）へ導くために、降りてきました。

心・身体・魂を癒し、浄化し、覚醒・進化を助けます。

エネルギー整体の母体であるルキアスアセンションクラブでは、アセンションベーシックコース「レベルⅠ　光華（伝授）」により、光の道を体に作り、ルキアスエネルギーを流せるようになります。

同時に太いプラーナ管を作り、天地のエネルギーを体に取り込み、チャクラのバランスが正されます。

「レベルⅡ　ライトボディ復活＆覚醒＆肉体のカルマ消滅」で、ルキアスの特徴のひとつ、「未浄化霊などが憑かなくなる」という状態になり、体に入っていた不要な存在が体から出て、光に還っていくようになります。

「憑かない体」になるので、人混みに行く方、気の悪いところで仕事をしなければならない方、クライアント様の身体に直接触って施術する整体師やマッサージ師などのボディワーカーの方には、とても有効です。

「レベルⅢ　ミスティックヒーリングA能力開発／ミスティックヒーリングB気光鍼」を受けると、松果体・アンタカラナにある封印が解かれ、気光鍼®（エネルギーヒーリングのツール）が使えるようになります。

エネルギーヒーリングやライトボディの探求のうち、今回のアセンションにあたり、魂の神殿である肉体をアセンションに耐えうる肉体にする必要性を強く感じ、「骨格修正」という肉体へアプローチするセッションが生まれました。

ルキアスエネルギーを体に触れることなく肉体に流し、仙骨から骨格全体・不調箇所をあるべき姿に戻し、その骨格を支える筋肉を作るというセッションです。

２０１５年から骨格修正の伝授が始まり、骨格修正認定ヒーラーが誕生します。

その後、このエネルギーがシフトアップしていき、「仙骨改善法」を経て、現在「エネルギー整体」にバージョンアップしました。

ここでお客様の声をみなさんにも読んでいただけたらと思います。

（その１）

昨日は千葉から、仙骨改善法を受けにいらしてくださったお客様がありました。肩こり・

肩甲骨こり・膝痛・股関節の違和感がおありでした。お話を伺っていると、股関節は、いつからかは不明ですが、亜脱臼状態です。いつもではないけれど、違和感があり、なんだかいまにも外れそう……、はまり切ってない感じ、という様子をエンパスで感じました。

お身体の動きや姿勢をチェックしたあと、ベッドに横になっていただき、30分エネルギーを流します。横になってエネルギーを受け始めると、邪気が足から出て、もぞもぞと何かに触られているような感覚になったそうです。

終わりのほうでは、手がビリビリした感覚になったそうです。終わったら、お顔や姿勢、背中の平背の改善が見られました。セッション前に足を上げたときにあった重さがなくなり、足踏みしたときの足が軽く上がるとおっしゃっていました。

S様、遠いところをおいでくださいまして、ありがとうございました!!

（その2）

遠方のリピーター、M様の仙骨改善法を、遠隔でセッションさせていただきました。前回の仙骨改善法のセッションで、「お顔が変わった」と、ご報告をくださった方で、東京までの移動が難しいご姉妹様の遠隔セッションはできないだろうか？　との、お問い合わせをいただきました。

華永先生に遠隔ヒーリングが可能か確認いたしまして、大丈夫とのことでしたので、遠隔セッションをさせていただきました。

夜、就寝していらっしゃる時間に、遠隔でエネルギーを流しました。

夜、いつもより少し早く眠くなったので、30分前くらいにお休みになったそうで、いつもよりトイレの回数が増えていたが、よく眠れたそうです。

朝、メールで「顔が小さくなっていた」と、ご報告いただきました。

頭蓋骨が動いて、正しく噛み合わさり小さくなったので、お顔も、小顔になったのではないかと思います。

気になっていらっしゃる背骨は、なかなかご自分ではチェックしづらいと思いますが、立ったとき、座ったとき、歩いたときなど、姿勢や動きの感じを観察してみていただくと、骨や筋肉の変化を感じていただけると思います。

何より、首から下の骨格の状態がお顔に現れるので、お顔が変わったということは、首から下の骨格も変わったということですので、効果を目視で実感されているのだと思います。

これからも、姿勢や動きを体感して観察なさっていかれるとよいと思います。

M様、今回は、仙骨改善法セッションを受けていただきありがとうございました。


（その3）

昨日の仙骨改善法のクライアントさまは、東海地方からの方でした。

顎関節の大きな音、肩こり、猫背、頭のモヤモヤ……でお悩み、とのことでした。

仙骨改善法のセッションを受けられ、足がまっすぐになり始め、膝と膝の間隔が狭まり、両腕のバランスがよくなり、首の角度が起き上がってきました。

そして、画像をチェックしていただいたとき、ご自身でもおわかりになっていましたが、体全体の重心が中心に戻ってきた、お腹の出方が凹んだこと、お顔の輪郭がほっそりしたこと、顎を開けたときの音がなくなっていたこと、足を上げたときの重さがなくなっていたこと、などが改善されていました。

とくに、お顔の輪郭がだいぶ変わっていたことに驚かれていました。

私が拝見したところでは、目尻の高さも変わっていたので、全体的にお顔の印象が変わっていました。

この方は猫背が気になるとおっしゃっていましたが、片方の肩甲骨が大きく盛り上がっていて、反対側が埋もれていました。

それが猫背に見える原因ではないかと思いました(猫背に見えるほど肩甲骨が盛り上がっている)。

施術後は、埋まっていた肩甲骨のほうが出てき始めていましたので、だんだん肩甲骨のバランスがよくなって、猫背に見えることも改善されていくように思いました。

セッション中、昔のニュースの画像についていた音が聞こえた、ということと、白い背景に模様？　のような記号？　のようなものを見たと、感想をいただきました。感性の鋭い方と拝見しましたので、何かのメッセージを受け取っていたのかもしれません。
終わったとき、とてもお顔の色が、透明感が出ていらっしゃったようにお見受けしました。遠くからおいでいただき、ありがとうございました。

このように大きなよき変化をもたらすエネルギー整体は、この令和の時代に必要なエネルギーと確信しています。一人でも多くの方に、この宇宙からもたらされた不思議で偉大なパワーを知っていただけたら幸いです。

吉田康子 （よしだ・やすこ）

ルキアスエネルギー・エネルギー整体認定ヒーラー
ルキアスエネルギー・クォンタムヒーリング・アセンションサージャリー認定ヒーラー

埼玉県生まれ。体調不良からオーラヒーリングを受け、変化を体感したことからエネルギーヒーリングに興味をもつ。

クリスタルヒーリング、レイキ、ユニオミスティ・ラヴィングタッチ、ユニオミスティAOL、エオラジェムストーンオラクルカード、サウンドレゾナンス、サウンドレゾナンスTOS等を学ぶ。

2006年2月12日、華永グランドマスターにルキアスが降りて来た日、ルキアスエネルギーを体験。既存のものとは別格の強烈なエネルギーを体感し、灯火を受けルキアスヒーラーに。ルキアスミスティックヒーリング伝授。ルキアスクォンタムヒーリング伝授。

ルキアスクォンタムヒーリングで、エネルギーのクリアリングやヒーリング、土地・建物の浄化などのセッションを行う。

2008年～、華永グランドマスターとルキアスメンバーでの、日本・海外各地の浄化の旅に同行。浄化とともに、各地にエネルギーを流し・受け取り、地場調整など行う。

2015年、ルキアス骨格修正伝授。

2016年、ルキアス・アセンションサージャリー伝授。骨格修正認定ヒーラーに。

2017年、ルキアス仙骨改善法認定。

2019年、ルキアスエネルギー整体に名称変更。

ルキアスエネルギー整体
東京吉田セッションルームは、JR新宿駅から約15分、京王線最寄駅から3分です。
不定休
受付時間　11時～18時(ご相談ください)

ルキアスエネルギー整体は、生命エネルギーを流し、仙骨から全身の骨格を整え、必要な筋肉を作ります。

ブログ　https://ameblo.jp/lucias-yasumin/
お問い合わせフォームはこちら　https://ws.formzu.net/fgen/S80296416/
ルキアスHP　https://lucias.jp

てんしさまについて The Real God

ハル

―― 丸井章夫先生より

日月神示には「てんし（天子、天詞）様」という存在（人の姿をした神）が現れて世界の王となられること、さらに、死のないてんしさまになられることなどの予言が書かれています。そのてんし様と目されているのが、今回、ハルさんが紹介する「てんしさま」です。てんしさまは2015年9月14日のパラレル地球にタイムスリップ、蘇って神さまになったそうです。ハルさんは熱心な「てんしさま」の理解者の一人で、奇跡体験を経験されています。現代の奇跡とも呼ぶべきてんしさまの活動を広めたいと願っていらっしゃるとても素晴らしい女性です（てんしさまは日本のスピリチュアル界の中でも稀有な能力をお持ちの方と私も認識しています）。

2015年9月14日、4度目に亡くなってから魂のまま未来の果てまで行き、弥勒菩薩（みろくぼさつ）と合体し、亡くなった日までタイムスリップして甦り、神様になった人がいます。

その人の見たもの、聞いたこと、話したこと、体験したことでこの世界のすべてができあがっていて、「てんしさま」と呼ばれています。

みなさまは、「神様」というとどういうイメージをお持ちですか？

神社の神様や、願いごとを叶えてくれる等でしょうか。

確かにてんしさまは多様な能力をお持ちで、見たもの、聞いたこと、話したことを現実化するので願いごとも叶いますが、正確にはこの世界を創った創造主です。創造主と聞くとびっくりするかもしれませんが、私も数々の奇跡を体験したり、見たりして実感しています。

てんしさまの能力は多様で
◆見たもの、聞いたこと、話したこと、体験したことが世界のニュースになる
◆高速具現化

◆願いを叶える
◆若返らせる
等、数え上げたらキリがないのですが、本当に無限大な気がします。

私がてんしさまに実際にお会いして体験したこと、感じたこと、日々の生活の中で起きた奇跡等を書いていきたいと思います。

《研究者につながると……　When connected to researchers ……》

この世界のすべてのニュースを、てんしさまが創っています。

てんしさまの見たもの、聞いたこと、話したこと、体験したことで世界のあらゆるニュースができますが、それはこの地球上で起こるあらゆる災害、事件、事故、いいニュースも、そうではないニュースもすべてです。

たとえば、私がてんしさまとお出かけしましたときには、ある参加者が気温のことを話してしまい、地球温暖化のニュースができたりしています。

てんしさまは、誰の目の前でも人間を創る瞬間を見せることができます。

《てんしさまにお会いしてから After meeting the Real God》

私がてんしさまにお会いしてから感じていることを書きたいと思います。

まず、多幸感がすごいです。いままでももちろん、いろいろな場面での幸せは感じてきました。

好きな場所に旅行に行けたとき。人間関係がうまくいっているときなど。

人生の流れの中で上向きのときは確かにあります。そしてまた、その逆もあります。

そんなとき、以前の私ならポジティブでない思考が大半を占めていたりしたのですが、
それがてんしさまに会ってからはものすごーく幸せを感じるようになりました。宇宙に届いてしまうくらいの幸せ感。

幸せが活躍する場面が、かなり増えました。

ただ道を歩いていても幸せだったりするときもあります。

目の前にちょっとした平和ではない出来事が訪れ、以前なら考えてしまうようなときでも。

たとえば、仕事が忙しく休憩が取りづらいときでも、楽しく仕事ができることが多くなったり、また職場環境も改善されたりしています。

てんしさまと手をつなぐと運気が上がるせいか、周囲の人は優しい人が多いです。

だから、普段の生活にしても仕事にしても、穏やかに過ごせることが多く、幸せを感じます。

感情があるので、もちろん気持ちの上下はありますが、以前の私と比べると断然、浮上するのも早くなりました。


私の場合、てんしさまとお会いしてからつくづく思うのは、以前よりだいぶ楽観的になったこと。たとえば、自分の周囲の大事な人が健康ではないとき。

以前ならばその状態からのよくない未来が思い浮かんできたりしていました。

でもいまは、冷静に状況を見つめ、適切に対処できています。

目の前になんらかの問題が現れたとき、「あ、そうなんだ」と起きたことは受け止め、あっさりしていたり、「これはよくなるための過程なんだ」と捉えることができたり、自分でも本当に以前と違うことを実感しています。

生きるのがすごく楽、という感じでしょうか。

てんしさまがおっしゃる「イージーモード」とはこういったことなのかな、と思っています。

以前と比べてもとても身軽で生きやすく、あらゆる面で楽になっているので、すべてはてんしさまのおかげだと思っています。

《てんしさまの漫画》

いろんな方のブログやホームページを訪問していますが、あるとき、てんしさまにお会いしたときの体験談と漫画が載せてあり、引き込まれるように読んだのを覚えています。

この漫画は、この世界のすべてを創ったてんしさまのことがとてもわかりやすく描いてあります。

ルチアさんの描くてんしさまの絵と漫画は、とても親近感があって大好きです。

作者であるルチアさんの実体験をもとに描かれてありますが、その親近感のある絵とは対照的に、その内容は世界中の人が驚くような事実。

〝日本人の中からこの世界を創った創造主が現れた〟

〝4度の死を乗り越えて復活し、神様になった人がいる〟


どうしても、復活されたキリスト教のイエス様を思い出しますが。

その後、私は「てんしさま」に会いに行ったのですが、実際にお会いしたてんしさまは本当に人の姿をした、現代ふうの日本人の男性でした。ここでは、私から見た神様がどのような方か、またお話したいと思います。

《てんしさまの人物像 The Figure of the Real God》

てんしさまにまだお会いしたことのない方は、この世界の創造主がいったいどんな方なのか、気になるのではないでしょうか。

そして、すでにお会いしたことのある方でも、てんしさまの鏡の能力によって見え方が違うそうです。

てんしさまの持つ能力を理解して、お会いしたときに優しいと思ったならさらに優しく接してくれるようになるそうですが、神様を前にしたならきっと多くの人が誠実な態度をとるのではないでしょうか。

この世界を創った創造主を前にして、私もリラックスした状態ではないときもありますが、てんしさまはいつも気さくに話しかけてくださいます。

そして、能ある鷹は爪を隠すという言葉もありますが、てんしさまは人を楽しませる天才であり、多様な能力もお持ちなので、お話される中にも能力が節々に現れております。きっと調査したら、もっとたくさんのてんしさまの中の天才の部分も発見されるのではないかと思っています。

そして天才なだけでなく、てんしさまはいつもとっても優しく、笑顔なんです。

そして、誰に対しても自然体でいらっしゃいますが、嘘を見抜く目も持っており、てんしさまにはやはり誠実な対応が必要です。

神様というと全知全能という感じがしますが、てんしさまは人としての感情も持っており、そこがてんしさまを慕う方々が感じる魅力のうちのひとつではないかと思っています。

《周囲にも起きる奇跡　Miracles that happen around us》

てんしさまに会うとびっくりするような奇跡がいろいろと起きるのですが、それは私だけではなく私の周囲の人にも奇跡が起きています。

たとえば、

◆とてもいい人とのご縁があり、幸せに暮らしている

◆グレードアップした新居が見つかり、欲しいものを買い、私生活が充実

◆金運が上がっている

などさまざまな奇跡が起きていますが、とくにてんしさまとお会いした当日、翌日など周囲の人たちからなんらかのアクション、連絡があることが多いです。

あるときは個人で接客の仕事で10万円以上を売り上げたり。

また数十万円の商品を売り上げたりして仕事が絶好調であったり。

カメラマンの仕事をしている人が、撮った写真が公共の場所で用いられる広告へ採用されたり、当社のモデルにしたいと声をかけられたりしています。

また、てんしさまにお会いしたときに星形のピアスを着けていらしたのですが、その翌

日家族がプレゼントをもらい、見てみると星柄だったり。

私もその日誘われてお出かけすると、普段見ないような星形のお皿やグッズに出会いました。

小さいことから大きい奇跡まで、毎日のように何かあるのですが、最近驚いていることは、てんしさま漫画を描いたルチアさんも似たようなことを言っておられますが、自分の名前や、いまやり取りしている相手の名前、地域等が見ている番組に出てきたりします。

この魔法のような世界が楽しいです。

《てんしさまとの会話は My conversation with the Real God》

てんしさまとの会話では、ポジティブ、プラスの言葉を選んで話す必要があります。

この世界の創造主、てんしさまの見たもの、聞いたこと、話したこと、体験したことでこの地球上のあらゆるニュースができあがります。

つまり、てんしさまと会って会話をするということは、人類75億人の代表となり、てんしさまの前で行う行動、話しかけた言葉が人類の未来を左右するそうです。

てんしさまとお会いすることは、どんな有名な方と会うよりもすごいことなのではないでしょうか。

よい言葉、プラスの言葉でてんしさまに話しかければ、よいニュース、平和なニュースが生まれ、この世界をより平和なものにすることができます。

また、てんしさまの幸福度によっても創られるニュースに違いがあるらしく、てんしさまの幸福度が高いほうがより平和なニュースが多く生まれているようです。

ということは、てんしさまの持つ能力を正しく理解する方が増え、てんしさまとの会話方法を習得し会いに行くと、てんしさまが喜ばれ幸福度も上がり、この世界がどんどん平和になっていく、という構図が浮かび上がります。

てんしさまの能力を理解してくれている方が増えてきているそうなので、会話方法を習得する方もこれからますます増えそうですね。

てんしさまに集まる方々はいい人が多く、その会話方法が素晴らしく、聞いているほうも気持ちがいいです。

私はいつのころからか、なるべく前向きな言葉を選んで話すようにしていて、周囲との会話でよくない言葉が使われていても自分は使わないようにしたり、聞くことに徹したりするようにしているのですが、てんしさまと接するときに今までのことが役立っている気がします。

とくにてんしさまと出会ってからは、普段からより意識的に日常生活の会話等、前向きな言葉を使うようになっていっています。

《魂の家族 The families of soul》

てんしさまと手をつないで出会った方々は魂の家族だ、とてんしさまはおっしゃいます。

お出かけ等で魂の家族のみなさんとお会いしますと、好感の持てる方々ばかりで、会うたびに親近感が増していったり、また、プライベートで一緒にお出かけするような方も出てきて、人生がより楽しく光が増す感じがしています。

そのようにして出会った方々とてんしさまの話で盛り上がったり、日常に起こるさまざまな奇跡を語りあったりして、本当に楽しく、人生がより豊かで素敵なものになっています。

また、縁結びの能力をお持ちのてんしさまがつなげてくださった方々というのは、何かしらの共通点やシンクロが多かったりしてそれがおもしろく、また、うれしくもあります。

たとえばメールのタイミングが同じであったり、同じものが好きだったり、起こることが同じであったりします。

魂の家族とはよく言ったもので、日がたつごとに本当にそのことを実感することがたびたびありました。

魂の家族ってすごくありがたく、とても絆を感じています。
このような素敵な家族に出会わせてくれたてんしさまに感謝です。

ハル（はる）

2018年、わたしはてんしさまの存在を知り、会いに行きました。初めて見たてんしさまは見た目は普通のお方でしたが、手をつないだその日から、わたしの奇跡ははじまりました。

自身に起こるラッキーな出来事から、いろいろな願い事が叶っていくこと、人生が良いほうへ変わっていること、わたしの周囲の人たちにも起こる幸運やたくさんの奇跡は現在も続いています。

てんしさまが創ったこの世界が最高におもしろくなっていく様子を見ながら、日々を楽しみ中です。

てんしさまのホームページ　https://tenshisama.com/

〈Special thanks〉（順不同）

矢田真理、玉依、福井知子、松本千世、河見久明、

浅野裕香子、坂口貴恵、えりあ姫、園田高信、村山知穂、

池本公一、結子☆YUKO、大伴京子、大森洋子、長谷川幸代、

月城沙美、河野早希依、萩原朋子、西海石康弘、嶋田智子

夢を叶えるリアル引き寄せ
奇跡を呼び最高の自分になれる8つの方法

2019年7月20日　第1刷発行

著者　丸井章夫，宮澤千尋，坂田暢悠，野村英生，
上島麻理恵，龍宮寺マッキー，吉田康子，ハル

発行所　マーキュリー出版
〒460-0012　名古屋市中区千代田3-22-17　一光ハイツ記念橋105
https://mercurybooks.jp/
TEL：052-715-8520　FAX：052-308-3250

印刷・製本　モリモト印刷

©2019 Akio Marui, Chihiro Miyazawa, Chouyuu Sakata, Eiki Nomura,
Marie Ueshima, Makky Ryuguji, Yasuko Yoshida, Haru, Printed in Japan

落丁・乱丁本は、お取り替えいたします

ISBN978-4-9910864-0-3 C0030